逛市場、呷小吃

滷肉飯、湖州粽、黑白切，品味老臺北人的庶民美食與文化縮影

豬腳麵線
豬腳麵線
綜合湯
綜合麵線
腿肉湯
腿肉麵線
豬腳湯
豬腳麵線
乾麵線
豬血湯40

香老闆——著

｜作者序｜

傳統市場，連結歷史與在地情懷的市井生活縮影

在上小學以前，那段人生中最無憂無慮、可以自由行動的美好時光中，青年公園、南機場、植物園、萬大路跟中華路，就是我的遊樂場跟全世界。當時住的是一間有小院子的紅磚平房，在舊警察宿舍附近，旁邊有個小邊坡，走樓梯上去之後有一間很有年代的宮廟，跟一棵枝繁葉茂的大榕樹。榕樹下賣米粉湯跟陽春麵的小攤，沒有棚子，下雨天就拉起防水布幫兩三張小木桌上的客人擋雨。小攤的廚師是一位白髮的老婆婆，煮出滋味美妙的米粉湯跟骨頭湯鮮、白麵油滑的陽春麵，在我心中，這兩道小吃立下了不可動搖的美味門檻。

然而，這種美味卻在我當兵前消失了，連宮廟跟大榕樹都沒了，換來的是又一棟高樓住宅。雖然知道這是不可抗拒的滾動時代巨輪，但總覺得殘酷了一些，更為自己沒有替這美味留下紀錄而感到遺憾。從此只要吃到米粉湯，就會想起榕樹下用木板釘製的樸實小攤。

我相信每一位願意將作者序讀到此的人，應該都有過類似的感受。

一攤簡單的小吃，可能是撐起一個家庭的支柱，是對生命的不屈服。小時候，家裡四個小孩要吃飯上學，還有房屋貸款的壓力，爸爸白天晚上開計程車，還要跟媽媽凌晨四點起身開始和麵做包子饅頭，在家門口擺攤販賣山東大饅頭和菜肉、豆沙包。凌晨時分，白胖的饅頭剛出爐，爸爸就準備去早市採買餡料，為下午跟明天早上的包子預作準備，採買結束後又轉換身分，成為計程車司機。當時家裡的客廳總是粉白一片，滿屋子老麵蒸過的淡淡甜香氣，包子饅頭常常很快就

宜蘭礁溪
皮蛋·鹹蛋
加盟/訂購專線0968-977296

賣完，根本捨不得自已吃。

後來，工作太辛苦、成本變高，於是包子攤收了，不是活不下去，只是一種選擇，因此我生命中又一個連結特殊記憶的美味消失。

尋找並記錄可能消失（或已經消失）的傳統老味，這個念頭在我心裡萌芽已久。因為2020年的新冠疫情，讓更多本來就萌生退意的老攤，就此熄燈。這個緊張感，驅使我開始製作香老闆市場美食影片，深怕動作不快，會再錯過更多美好的傳統美食。透過鏡頭跟網路科技，有機會讓動輒三十年以上的「老」吃攤可以被更多人認識跟記得。花了八個月的時間，走訪了臺北市內的五十六座傳統市場，每座市場至少重複拜訪三次以上，尋找貼近市井生活的傳統美味。

這些藏身在市場中的傳統美味，通常是為了餵飽凌晨就開始在市場中工作的勞動者，以及摸黑起早出門採買的煮婦煮夫們，營業時間大部分也只到中餐結束，被現在上班族知道的機會可能低了點。

挑選傳統市場的另外一個原因，是這些市場也在慢慢凋零中。生鮮超市的發達跟都市人生活習慣的變化，使不少改建過的傳統市場人潮甚至比改建前還少。其實這些幾十年甚至百年前就存在的傳統市場，背後都是有歷史跟故事的，希望透過推廣傳統市場的美好，讓更多人可以習慣來市場逛逛。

本書選出的十四座市場，是以搭乘捷運容易到達為主要考量，透過本書中介紹的市場歷史跟故事，可以理解市集成形的來龍去脈。希望大家週末可以早起搭乘捷運，去市場感受接壤土地跟歷史的在地生活。

書裡介紹的小吃攤，包含有歷史的老攤、有在地特色的小吃，跟得過獎的美食。在撰寫這本書的時候，並不是以一個旅遊導覽手冊的方式進行，而是希望能記錄當下的美好，或許這些攤子有些在你看書的時候已經消失在我們的生活中了，無須遺憾，更加珍惜還存在的。

在本書撰寫進入尾聲時，網飛（Netflix）向我推薦了一部日劇，叫作《絕味之路》，透過一位中年大叔的獨自旅行，尋找店主年邁但無人接班而即將消失的美味「絕好菜」，劇中的餐廳都是真實存在，靈感來自一個日本網站「絶メシリスト」，這個網站同時媒合有意接手這些老店老味道的經營者，傳承跟社會責任兼顧，讓我頗為感動。

希望大家都能在菜市場中吃得開心，玩得愉快！

目次

特別提醒

本書採訪寫作時間為2020至2021年，店家營業資訊、供應菜色、食品價格等時有變動，建議讀者以電話或網路再行確認。

臺北捷運 / metro taipei

淡水信義線

■

淡水信義線的代表色號為紅色，於1997年3月通車營運，現行駛於淡水與象山之間，是臺北捷運中唯一有高架路段與平面路段的路線。

■

沿線主要停靠站有：臺北車站、臺大醫院、中正紀念堂、臺北101／世貿、大安森林公園、士林、淡水等等。

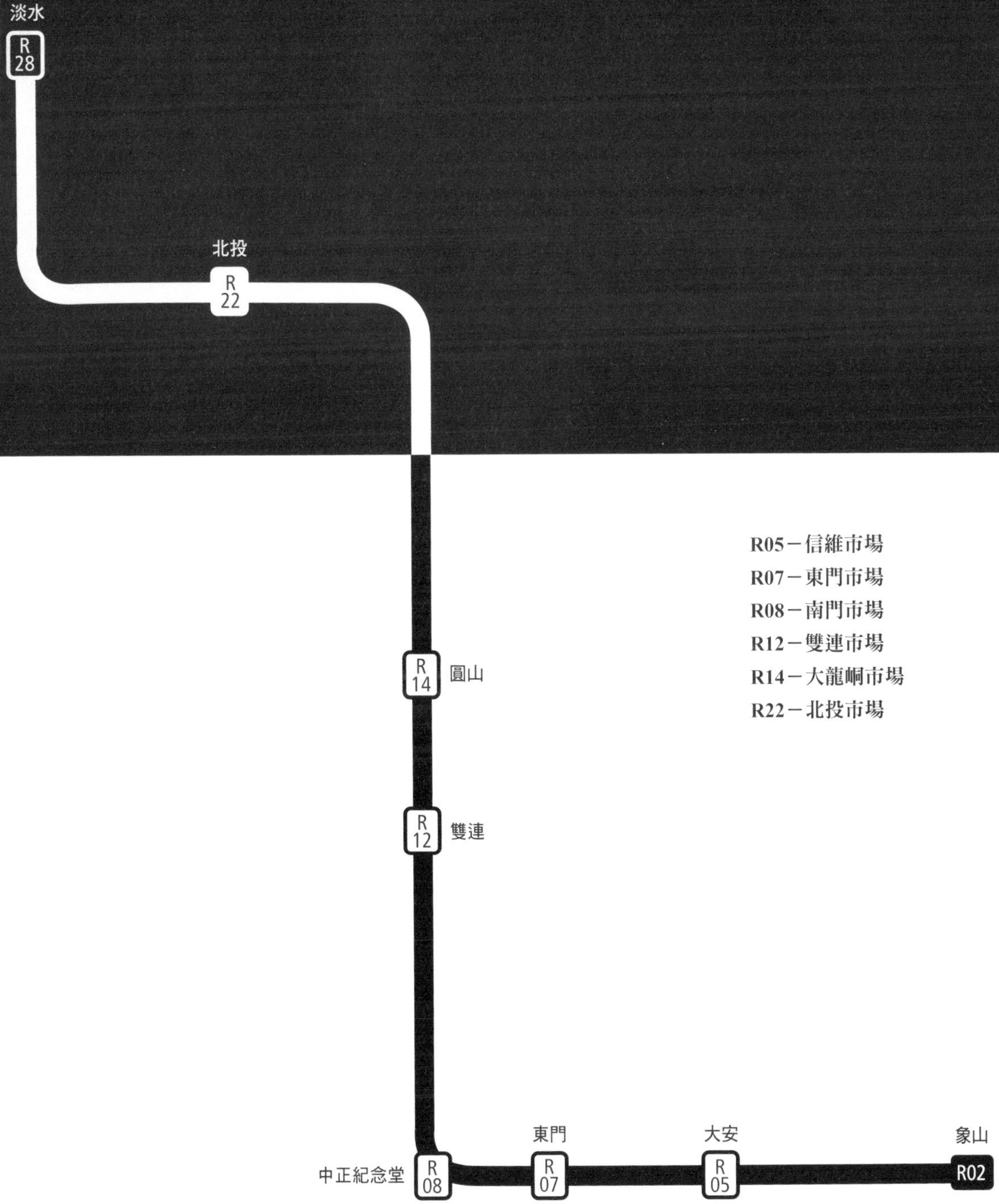
淡水
R 28
北投
R 22
R 14 圓山
R 12 雙連
中正紀念堂 R 08
東門
R 07
大安
R 05
象山
R02

R05－信維市場
R07－東門市場
R08－南門市場
R12－雙連市場
R14－大龍峒市場
R22－北投市場

FOLIO

凱莉精品百貨
美甲工作坊

Felice Cafe
自家烘焙咖啡・鮮萃茶飲
仙草茶
公益彩券

信維市場

臺北的九龍城寨

大安站：淡水信義線R05／文湖線BR09

源記商行
西螺瑞春醬油
糖・米・油・豆類・飲料
7好冰果專門坊
2703-0147

第一次認識信維市場，是在畢業後等著要去當兵，那時找了一份臨時的工作，地點就在市場旁的大樓裡。當時信維市場的騎樓擺滿了攤車跟桌椅，煮麵、炒菜、滷豬腳……店家手沒停過，走在騎樓中，感覺像在雲裡漫步，帶著肉麵香的水蒸氣不停往臉上撲來，但地板油濺水噴，濕濕黏黏的不甚舒服，讓人有回到舊歷史中的異常感受。但即使環境不佳，也無法阻止前來用餐的人潮，我也是一吃成主顧，每週總要來碗豬腳刀切麵當作開始。當然現在的騎樓下已經不復見當年的亂象，跟著城市進步，攤位也都老老實實地待在店門裡，還道於民。

信維市場所在的信維整宅是臺北市的神話級老樓，位於信義路和大安路口，算是地價最高的區域，但房價卻是臺北最低。整宅是一個回字形的大樓，裡面擠了將近五百戶，每一戶住宅大概都只有三、四

手沖咖啡專門店
SINCE 2012
At Home

坪大，昏暗近乎無光的走廊，牆壁上的管線像有生命一般盤根錯節，充滿世紀末的不現實感，或許這才是城市真實的面貌。若想了解這裡的特殊之處，可別忘記這裡是別人的住家，請保持安靜跟禮貌。

信維市場一樓則是完全不同的世界，大廈外圈的小吃攤必訪，但別吃飽就走。大樓裡還有很多小店面，賣金飾、剪頭髮、文青咖啡、義大利麵、簡體書、修電腦、肉菜販、製麵廠，林林總總，五花八門，不妨走進去感受一下飄洋過海的異鄉人跟老臺北交錯的時空。

吃完好吃的信維市場美食，花三分鐘走到信義路四段30巷，這條不起眼的巷子藏了富邦藝旅老舊公寓改建的小旅館跟藝文展場，還有至少十間文青咖啡跟小食店，喝杯咖啡，享受一下幽靜的臺北巷弄風光。這個小區域還有很多舊時代的官邸跟神祕的獨棟別墅。

小提醒

信維整宅持續討論都更可能，或許再過不久就見不到這樣特有的空間了。

信義路四段
信義路四段
大安站
信維市場米粉湯
四喜食品行
王記刀切麵
復興南路二段
信義路四段30巷
信維整宅
大安路二段
富邦藝旅臺北大安
文青咖啡一條街

周邊景點介紹

信維整宅

「整宅」意為整建住宅，由政府出資興建。1962至1975年間，臺北市政府陸續在中正、萬華區等地興建了二十四處整宅。住戶多為因政治或經濟因素而離鄉背井的外地人，卻因分配不到國宅而成了違建戶。考量這些人的經濟狀況，整宅的坪數偏小以拉低房價。信維整宅於1969年興建，是唯一興建在大安區者。

臺北101

臺北市信義區的高樓，落成於2004年12月31日，地下五層、地上一〇一層，另有頂尖不開放遊客參觀的五層樓，樓高五百零八公尺，曾為世界第一高樓，此紀錄被杜拜的哈里發塔（2010年1月5日落成）所超越。現樓高排名世界第十（至2021年12月之排名）。

臨江街夜市

俗稱通化夜市，位於大安區的住宅區內，夜市範圍約長三百公尺，是臺北市少數合法掛牌設立的夜市，早在1960年代便陸續有商業活動聚集，大多數攤販集中在通化街。2000年，將攤販集中聚集在臨江街內，並規畫為觀光夜市，裡邊美食、小吃店家林立。2019年必比登推薦的梁記滷味、駱記小館、天香臭豆腐、御品冰火湯圓都在臨江街夜市裡。

大安森林公園

臺北市的都市之肺，1994年3月29日正式對外開放，公園內分為竹林區、榕樹區、香花區、水生植物區、帶狀林區、水池假山區、露天音樂台、兒童遊戲區和停車場，園內生態豐富，曾發現有臺灣藍鵲、鳳頭蒼鷹、紅尾伯勞、游隼四種保育類動物。六種臺灣特有種，包括臺灣藍鵲、五色鳥、小彎嘴、盤古蟾蜍、斯文豪氏攀蜥、蓬萊草蜥也曾在此現蹤。

信維市場米粉湯

\# 每個市場都得配備的傳統好味
\# 米粉湯加白胡椒提升層次

臺北市大安區信義路四段60-19號　02-27014917
09:00～18:00，週六營業至15:00，週日公休　米粉湯30元 / 油豆腐10元 / 粉腸35元

目 表
肉 飯 30元
30元
條 40元
麵 40元
麵 40元
40元
仔 米 粉 40元
丸 湯 30元
菜 湯 30元
肝 湯 40元
血 湯 40元
飩 湯 40元
青 菜 30元

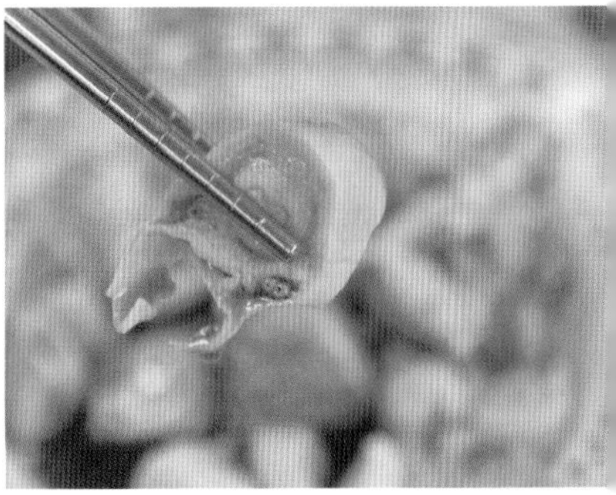

吃不到米粉湯的早市就像沒有畫眉的靚女，好像少了點什麼。

信維市場米粉湯，攤子的質樸氛圍會把你從信義路街頭拉回小時候的市場入口。

米粉湯的湯頭非常清爽，味道清甜，完全不油膩，粗米粉煮得軟彈不會過糊，加點白胡椒，白胡椒的優雅辛香氣總是能提升豬肉湯底的味道層次，我喜歡這樣吃。

大鍋米粉湯中滾煮浮沉的油豆腐是我吃米粉湯時必點的小菜，油豆腐心很嫩，細細的油炸孔洞被豬骨湯灌滿，咬下去很過癮。粉腸完全沒有腥味，中間的腸脂粉細滑，處理得很好。

他們的辣椒醬應該是自己炒的，頗辣。

掌廚的老婆婆其實可以在家享清福，交由年輕一輩接下重擔，但老人家喜歡在攤子中忙碌地服務食客們，跟熟客們閒話家常，「能做就做啦」，這應該就是臺灣人的堅韌跟好客吧。

王家刀切麵

北方口味
不必擔心啃豬腳會滿口油膩

臺北市大安區信義路四段60-66號　0985-964117　10:30～20:00，週日公休
豬腳乾麵（小）120元

廣東粥
102

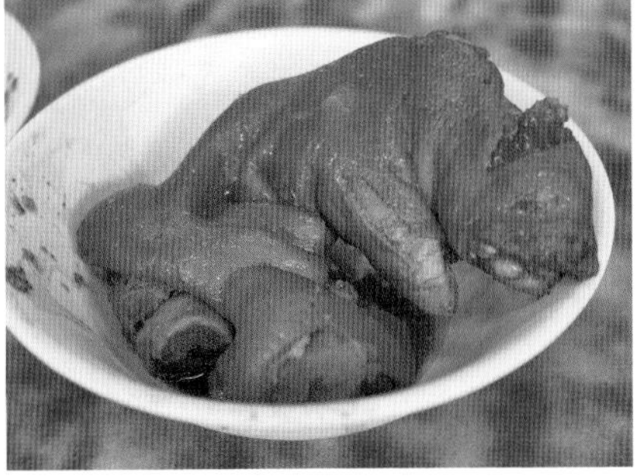

信維市場邊最知名的攤子莫過於三家刀切麵，王家、老鄒跟老趙。刀切麵是偏北方口感的麵食，粗獷硬實。這裡一次聚集三攤，是因為信維整宅原初住戶大部分是隨政府來臺的軍人，偏好此味。這三家刀切麵味道有些許不同，王家人手多，排隊時間短一些，所以我比較常吃，也覺得豬腳乾麵特別不同於一般。

豬腳刀切乾麵其實是刀切炸醬麵加上一大塊豬腳。刀切麵厚薄不一，有厚實咬勁，也有軟綿滑溜，不匀稱的麵體更容易沾附炸醬，每一根麵條都非常有味道。炸醬裡有炒乾的肉末、碎豆乾、豆瓣醬、麵醬，醬肉味濃厚鹹香夠味，加上小黃瓜絲，清爽無過分調味，能中和炸醬的油膩感。

豬腳頗大塊，豬腳皮滷得褐紅，五香醬鹹，完全不油膩。豬腳肉也十分入味，但保有肉質甜味，沒有完全被醬料味道掩蓋。整塊豬腳我最喜歡的是豬皮跟豬肉都保有蛋白質彈性，不會過於軟爛，啃起來特別過癮。

我個人喜歡把豬腳的滷汁也倒入乾麵中，配上粗實的刀切麵，吃得更有滋味。

如果你喜歡吃辣，一定要試試店裡自製的蔥花生辣椒，新鮮紅綠水亮，辛香辣直接過癮。這小鍋蔥花辣椒放在店裡櫃檯上冰鎮著，不走進去可是看不到的。

小南鄭記
台南碗粿

#有如「嚼」了一碗米湯
#專心只賣兩種拿手料理

臺北市大安區大安路二段60號　02-27053578　11:00～20:00，週日公休
碗粿45元/虱目魚羹35元

台南碗粿
艋舺大安分店
2705-3578

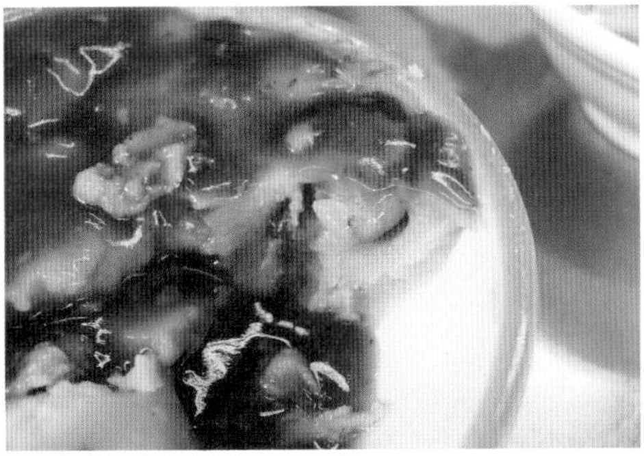

碗粿有種奇特的魅力，雖然要咀嚼，卻彷彿像喝了一碗清新米湯，滿足口腹之欲，卻少了罪惡感。

小南鄭記台南碗粿本店在萬華，已經有超過五十年歷史，這間小巧的大安分店至少也開了二十五年，是我每次來信維市場必吃的口袋名單，店裡銷售的產品簡單，只有碗粿跟虱目魚羹，很專心也有自信。

碗粿粗分為兩種，純白米漿的碗粿，以及將米漿混入肉燥餡料，呈現輕醬油色澤的台南碗粿。白色碗粿通常口感綿滑、入口即化，吃的是陳米的熟化口感跟香氣，配上鹹或甜的醬料皆可，新加坡跟馬來西亞也吃得到，當地叫作水粿。台南碗粿的肉燥配料鹹香合宜，配合鹹料，粿本身略帶咬勁的軟彈口感，是我覺得必備的賣點。

在攤子前，我最喜歡的風景是老板掀開蓋在碗粿上的厚棉布，水煙跟碗粿的香氣瞬間冒出，還有蒸爐中層層疊疊的古早厚瓷碗，感覺時間都放慢了。

碗粿配料豐富，有蝦子、鹹蛋黃、軟彈入味的大塊瘦滷肉，碗粿中可以吃到濃濃的油蔥跟炒肉汁的香氣，粿本身扎實稍微有點彈性，但輕輕咀嚼就化開成濃濃的老米香氣，完全沒有陳舊的老味，吃老米碗粿最怕吃到有淡淡霉味了。碗粿本身就有調味，如果不想吃太鹹，可以請老闆醬料少加一點。

虱目魚羹的羹湯清澈、滑稠透亮，湯頭喝得到魚鮮味。虱目魚羹是一口大小，扎實極富肉質纖維彈性，慢慢咀嚼，可以吃到魚肉鮮甜，還有一點點碎軟骨的顆粒口感。我點碗粿必配一碗虱目魚羹。

四喜食品行

\# 在黑暗中循香氣前進
\# 豆沙粽超搶手很難買

臺北市大安區信義路四段60之46號2樓　02-27072530　09:00～19:00，無特定公休
鮮肉蛋黃粽65元／豆沙粽55元

四喜食品行已經有五十年歷史，是目前信維市場二樓僅存的商家。走上信維市場二樓，映入眼簾的是非常昏暗封閉，但還算寬敞的走道，在有點陰濕的空氣中會聞到帶有一絲甘甜的竹葉香氣，順著香氣往前走，就可以看到唯一明亮的店家四喜食品行。

小小的店面架子上掛滿剛煮好的湖州粽，還有裝在大盆子裡的糯米跟醬泡肉條，可見生意興隆，並不被周邊環境影響。

鮮肉粽是長條形的湖州粽，竹葉包著生糯米、以醬油充分醃漬的肉塊，放進水裡煮熟。糯米的口感比較軟黏，帶一點彈性，參雜豬肉香氣的醬油滲入軟綿的糯米中，包裹的肉塊煮得糜軟，彷彿化入粽子中，每一口都吃得到豬脂滑跟鹹醬香。

至於豆沙粽，竹葉的清香沁入每一粒糯米中，甜紅豆餡細緻不油不膩口，吃起來味道芬芳、高雅香甜、沒有負擔，調味適當。

雖然店家的位置不起眼，但是味道值得一試，不輸五星市場內的上海粽。

難忘好滋味

上海重酥蟹殼黃

命名是個大學問
可惜再也吃不到

——歇業店家——

胡椒
25

蟹殼黃是江浙點心，小的包餡酥餅，火烤後油亮酥黃的外觀看起來像是烤得焦熟的螃蟹，取名蟹殼黃，形色都用上，還借螃蟹鮮美之意，暗示這點心的美味。這命名果然不俗，也頗具想像空間。

上海重酥蟹殼黃在信維市場賣了有三十年，信維市場騎樓還沒淨空之前，他們有賣油豆腐細粉，後來只專賣蟹殼黃。強調道地上海口味的小酥餅，棉糖口味更勝鹹味，符合小酥餅的茶點形象。

可惜不知道是受疫情影響，還是孩子大了不需要這麼操勞，或懂得欣賞這味道的人越來越少，這間老攤在本書印製前歇業了。不用遺憾，要更加珍惜還在的，把握時間多去市場逛逛吧！

棉糖酥餅15元/蔥肉酥餅25元/蔥酥餅15元

東門市場81號
公有東門
81號
消防栓
HYDRANT

東門市場

日治時期的貴族市場

東門站：淡水信義線R07／中和新蘆線O06

新鮮
東門市場
Donmen Market

上網搜尋「東門市場」，查到的資料大多是在介紹新竹的東門市場。新竹市東門市場有一百多年歷史，幾經變化，現在已經蛻變成新潮小吃店的聚集地，置身其中，你會以為自己在日本下町的小吃街。

但本節要分享的是臺北的東門市場，成立在1928年。在那個年代，臺北城東門外還是稻田一片，瑠公圳的灌溉小運河依舊遍布其中。早期被調派來臺的日本人部分決定定居臺北，開始在臺成家或是舉家遷居，希望有品質更好的居住空間。當時在東門町有一個叫作「文化村」的建案，預計在仁愛路以南，東至連雲街，南至信義路，西至杭州南路一帶，打造全臺最科技化的高級住宅區，每家每戶都有下水道、自來水、路燈、電力、收音機等。東門市場就是在文化村建設好之後設立其中的市場。國民政府來臺，這一帶也成為軍官及政府要員的居住

府城台南美食
天仁茗茶
永康街
Lane 17巷
YongKang St.
YONG
KANG

錦記
修鞋店
手機殼
修鞋.皮包
出租
小
法恩
Florame

地域，被白先勇形容為貴族市場。影集《一把青》中，師娘就是在東門市場買的滷味。

東門市場對面，隔著信義路相對的，就是中外皆知的永康街跟麗水街。五十年前，麗水街到中正紀念堂這一帶還是日治時期就存在的臺北監獄，曾經關過蔣渭水，金山南路二段44巷中還保有一段圍牆遺跡，圍牆使用原臺北城城牆拆下的石頭築成。臺北進步很快，只要五十年，就有截然不同的風光，以前的監獄，現在發展得比原來的貴族市場還要熱鬧，所以別再擔心永恆了，沒這回事。

我的第一份工作地點位在臨沂街上，也就是東門外市場所在的主要巷弄。年輕時還不懂傳統市場的美好，居然在那裡待了三年都沒去造訪過東門市場，只知道去市場隔壁的連雲街吃老鄧擔擔麵（舊址在連雲街，當時還是一個半搭棚子在街上煮麵的攤子，價格比現在合理多了）、對面的永康街吃關東煮（是我在臺北吃過煮料種類最多的關東煮店，但很可惜，真的消失了），及當時還只是挫冰攤的永康街芒果冰。

近百年的東門市場保有濃濃的歷史感，是少有仍維持傳統風貌的菜市場。朋友啊，想親身體驗傳統市場風情的動作可得要快，市政府很積極想要重建東門市場，只是我總不免疑惑，現代設計感的菜市場真的比較好嗎？

小提醒

東門市場商圈隔著金山南路及金山南路一段142巷，分為東門市場跟東門外市場。東門市場為公設市場，外市場是無照攤販就地合法集中場。東門市場重建時，東門外市場可能會被市府收回而消失，不少美味的小吃老店位於外市場，要吃得把握機會。

小知識補充站

新竹市東門市場創建於1900年，原名為新竹市場。原市場建築在二戰期間被美軍轟炸頹圮，目前的市場是在1977年完工，是新竹東門地區繁華的起點。

CHAMPI

東門赤肉羹
江記東門豆花
臨沂街
黃媽媽米粉湯
東門城滷肉飯
御牛殿
東門市場
2
1
metro
東門站
信義路二段
信義路二段
臺北監獄
圍牆遺跡
金山南路二段
金山南路二段44巷
鼎泰豐
信義店
麗水街
永康街
芒果冰
永康公園

周｜邊｜景｜點｜介｜紹

臺北監獄遺址

市定古蹟，位於金山南路電信局邊牆，於1910年代前後興建，當時臺灣各地接連有抗日義軍崛起，日本統治者因此在臺北及臺南建置大型監獄。興建風格依循19世紀各國監獄的主流風格，平面呈輻射形，高牆所用的石材多取自拆除的臺北城城牆。目前僅剩北面及南面的幾堵高牆。

永康街

臺北市大安區著名的美食街，以永康公園為中心點，商圈原本聚集許多臺灣小吃與餐廳，隨後有諸多異國美食餐廳、別具風格的咖啡店、各色精品小店也在此營業，吸引不少外國觀光客來訪。

東門城滷肉飯

#傳承三代老店
#六十年老滷汁果然夠味

臺北市中正區信義路二段87號　0930-875958　10:00～13:30，週一公休
滷肉飯（小）30元／滷蛋 15元／青菜30元

TEL 2351-3352
Uber Eats

Uber Eats
合作商家

在東門市場裡面的熟食攤，店面都不大，採一格一間的傳統熟食中心樣式。東門城滷肉飯在東門市場已經賣超過六十載，如今傳到第三代經營。滷肉飯攤賣的東西很簡單：滷肉飯、滷蛋、筍絲、放在古早味玻璃櫃裡的配菜們。

滷肉飯用的聽說是六十年老滷汁，整鍋焦亮濃稠，不放中式香料中藥跟五香，單純地用醬油跟蒜頭燉煮切丁豬皮帶肉。吃起來黏口滑潤多汁，鹹香的滷汁帶有淡淡的焦甜味，豬皮丁入口即化。滷蛋有著濃咖啡牛奶的顏色，滷汁焦香充分入味。點了三樣青菜當配菜，筍絲酸度夠去油解膩，其他小菜中規中矩。小菜的味道都偏清淡，配著滷肉飯一起吃，口味頗為相配、合適。

現做的小菜量不多，常常看到客人要點的時候已經賣完了。店家一早就開門，開始現做各種小菜，不要以為店家還在準備，可以點滷肉飯，只是小菜要等到十一點才開賣。

黃媽媽米粉湯

媽媽給料就是大方
五種醬料一字排開

臺北市中正區信義路二段87號　0922-238529
07:00～15:00，週一公休　米粉湯30元 / 黑白切盤120元 / 油豆腐2塊30元

黃媽
媽媽米粉湯

東門市場裡有兩間賣米粉湯的食攤，黃媽媽跟羅媽媽，兩間比鄰而居，且都賣了超過四十年細米粉湯，雖不知兩家有何關係，但口味都挺好吃，吃哪一攤都可以，不用擔心跑錯家。

黃媽媽米粉湯用的是細米粉，上桌時碗裡滿滿的米粉，幾乎看不到湯，很有誠意，店員特別叮囑可以加湯。豬肉料熬煮的白濁湯頭，肉香清爽順口，很適合當早餐。細米粉煮得軟透，入口咀嚼還帶有陳米的微甜，加點白胡椒粉，更能帶出湯頭的肉脂甘香。桌上五種醬料，可以滿足各種需求。

他們的綜合黑白切盤，有豬心、脆管、大腸、嘴邊肉。豬心外脆內嫩，脆管滑彈，大腸軟嫩脂香氣十足，嘴邊肉軟滑但是有嚼勁，全都沒有豬騷味，處理得很乾淨。油豆腐吸飽豬骨湯鹹香氣，加上他們的海山醬，鹹甜辣香跟軟嫩出汁的白滑豆腐心，堪稱絕配。只要聊到黑白切，我心裡就會直接浮現出這盤好味。

江記東門豆花

很會玩躲貓貓的豆花攤
非常滑溜一下子整碗吃光光

臺北市中正區金山南路一段142巷5號　0968-109709　07:30～15:00，週一、週四公休
豆花45元

東門 江 豆花
冰豆花
熱豆花
45 元
冰豆漿
25 元
手工豆花

這家店真的只賣豆花跟豆漿，選項只有冰的、熱的、加薑汁三種，專注地賣了三十年。

豆花口感來自於豆花的含水量跟凝固方式，豆漿點滷之後開始凝固而成豆花，點滷的滷水主要有石膏、鹽滷跟葡萄糖酸內脂。石膏豆花口感綿密滑順，鹽滷豆花略有顆粒感但豆味較多元。葡萄糖化合物，盒裝嫩豆腐豆花就是加這個，含水量很高，嫩到入口即碎，但總感覺好像什麼都沒吃到，少了點樂趣。而豆花放入模中加壓擠水後就成了豆腐。

東門江記豆花，豆花濃實，冰著吃綿順，熱著吃滑口。豆花入口之後，化成很濃的豆漿，舌頭彷彿被膏滑包覆。我個人偏好熱豆花，紅砂糖熬煮過的糖水，有烤甘蔗的焦糖香，甜味濃配豆花正好。花生不過分軟爛，咬到花生時還會有香氣溢出。

幾個月前來吃，店家只有週一休息，現在連週四都休息。希望是老店主開始懂生活，而不是為了退休做準備。

御牛殿

#有履歷的正港臺灣牛
#川燙生牛肉的料理秀

臺北市中正區臨沂街70號　02-23563468
09:00～15:00、16:00～20:00，無特定公休　刺身牛肉麵150～300元

御牧牛
鈜景食品企業股份有限公司
TEL:02-23563468
牛肉麵
鮮肉部
我家有養牛
御牧牛

這間牛肉麵店賣的是自己牧場養的臺灣牛，產銷合一有履歷保證，在這裡也買得到鮮牛肉。店裡的招牌之一，刺身牛肉麵，是吸引我走進這間店的主因。麵上桌時，煮好的乾麵上排列五、六片厚度跟油花分布一致的三層生五花牛肉，蔥花跟綠色青江菜襯托鮮鐵紅色的牛肉，居然有牡丹花的風采，著實賞心悅目。

看到菜名有刺身，本以為可以吃生牛肉拌麵，沒想到要吃的時候，店員拿著一壺熱湯，溫柔地澆在生牛肉上，牛肉由深紅轉為白粉紅，變成一碗清燉生牛肉湯麵。

店員建議川燙過後的牛五花肉要立刻吃，不然就太熟了，牛五花吃起來軟嫩、肉汁豐富，牛肉鐵質香醇。清燉牛肉湯頭輕甜而不淡，牛骨香氣十足，單喝也很棒。麵體是生麵條，較粗的麵咬勁十足，配上好湯、好肉，正好可以細細品嚐。

東門赤肉羹

#原肉切條好口感
#桌桌都點甜不辣

臺北市中正區臨沂街56號　0932-139491　06:30～14:30，週日公休
赤肉羹50元 / 甜不辣45元

東門
赤肉焿
肉焿零售
甜不辣 45
魯肉飯 30
肉焿飯 60
東門赤肉焿
50
肉焿米粉 60
肉焿冬粉 60
肉焿麵 60
燙青菜 30
滷筍絲 20

近百年的東門市場雖傳統，但也是商家競爭頗激烈的區域，能經營超過三十載的老食攤，功夫一定都不簡單，東門赤肉羹就是其中一家。

赤肉羹使用溫體豬後腿肉條，醃料醃漬後裹上薄薄的一層粉漿，赤肉大塊實在，彈性十足帶點脆口，吃起來直讓人大呼滿足，豬肉五香醃鹹帶著海魚鮮香，味道豐富。柴魚底的羹湯配上筍絲，可以同時吃到海味鮮甜與筍絲的微酸清香。

甜不辣是可以吃飽的大碗分量，裝盛著甜不辣、豬血糕、油豆腐跟白蘿蔔。甜不辣厚實有咬勁，可以吃到新鮮魚漿的鹹甜；白蘿蔔滷煮得剛好；但油豆腐跟豬血糕煮得稍微不夠，口感跟味道都不足，有點可惜。

在臺北信義永康商圈這個天龍物價的區域，東門赤肉羹的價格真的很實在，赤肉羹大碗且有滿滿的赤肉，甜不辣也是分量十足。

美食廣場
Food Court

母子桃
壽桃壽糕
湖州粽子
寧波年糕
糖年糕
元宵湯圓
包子點心
蘇式酥餅

松林書局

南門市場

有上海味的傳統市場

中正紀念堂站：淡水信義線 R08／松山新店線 G10

魚 號
南門市場
SINCE 1906
南門A-70
0935-22

上國小以前，我住在古亭區，當時古亭區公所就在南門市場樓上。南門市場雖然離我們家不遠，但也只有逢年過節，爸爸要煮魯系大菜時才會前往採購，只有在南門市場，才容易一次買到多種高質量的食材與道地的外省佐料，但價位也相對較高，對我們這種小資家庭來說，平常不會吃這麼好，去的頻率自然也少之又少。也因此，在我心目中，南門市場有著極高的地位，是傳統菜市場界的頂端貴族。

持續百年的
五星級菜市場

南門市場的地位有歷史可循，1907年開始營運，是臺北最早設立的六座公有市場之一。當時住在南門外的日本官員頗多，南門市場遂成為供應「內地人」（日治時期在臺的日本人）日常採買的市場，生

鮮雜貨的品質自然是高檔。光復後，客人從日本官妻換成國民政府家眷，食材也換成外省江浙流，不變的是供應高品質商品，直到今日，南門市場仍維持五星級的優良傳統。

如果來臺北只能逛一個市場，南門市場會是我推薦的首選。市場生鮮食品來自大江南北，種類豐富多樣，走在市場裡，會覺得賣熟食的攤商多過賣生鮮食品的，上海本幫菜跟江浙甜點是最大的特色，雖不便宜（比在餐廳吃便宜一點啦），但是味道正統，值得買來嚐嚐。

逛完市場不要急著離開，在周邊散散步，感受老臺北城的風情，離中正紀念堂也只有幾步之遙。市場後方的國立臺灣博物館南門園區曾經是臺灣唯一的公營鴉片製造工廠，再多走幾步路，便可來到郵政博物館跟牯嶺街，欣賞舊郵票、古錢之餘，或許還能不小心找到你想要的絕版二手書。

小提醒

南門市場於2019年10月到2022年10月間進行改建，在此期間，攤商移入南門中繼市場營業，在原南門市場門口，也就是中正紀念堂捷運站二號出口，有接駁車可以搭乘至中繼市場，少走十分鐘路程。

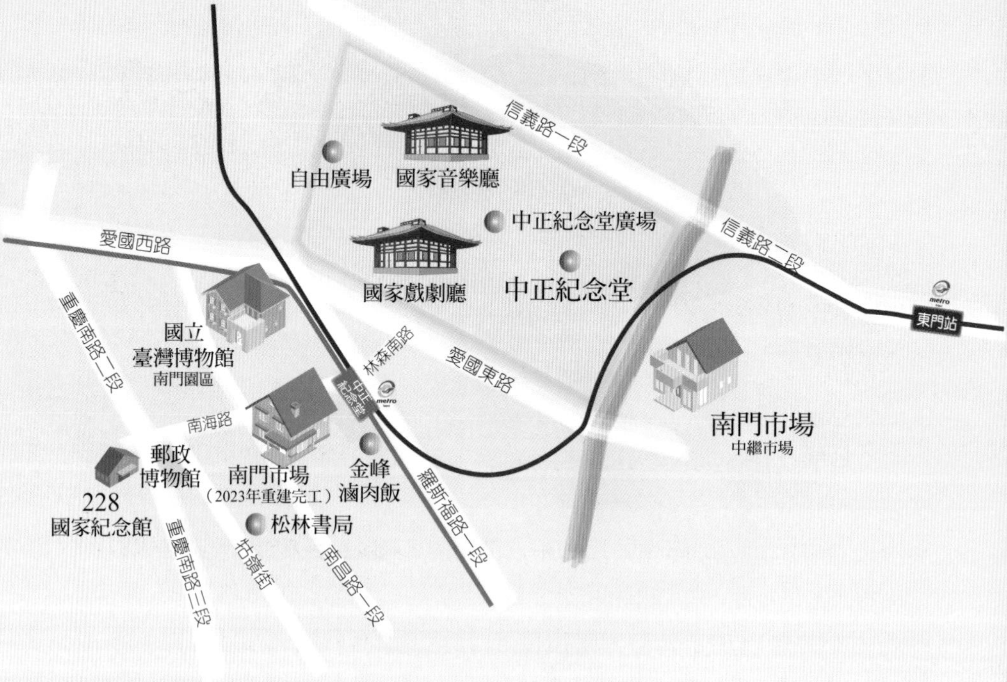

信義路一段
自由廣場
國家音樂廳
中正紀念堂廣場
信義路二段
愛國西路
國家戲劇廳
中正紀念堂
東門站
重慶南路一段
國立
臺灣博物館
南門園區
林森南路
愛國東路
中正紀念堂
南海路
南門市場
中繼市場
郵政
博物館
南門市場
（2023年重建完工）
金峰
滷肉飯
羅斯福路一段
228
國家紀念館
松林書局
重慶南路二段
牯嶺街
南昌路一段

小知識補充站

⊙古亭區是臺北市舊行政區之一，當時的總統府位在城中區，1990年，古亭區跟城中區併入現在的中正、萬華跟大安區，成為歷史的一部分。

⊙魯菜是中國四大菜系之一，分為濟南菜和膠東菜兩大派。黃爸爸煮的是膠東菜，蔥燒海參、清蒸加吉魚、油燜大蝦、涼拌燒雞等等，都是我小時候常吃的年節菜。

⊙2020年，經濟部評比全臺共有五座五星市集，分別是臺北南門市場、臺北士東市場、臺北寧夏夜市、新北興仁花園夜市、臺南東菜市公有零售市場。

⊙本幫菜指的是上海在地菜色，蔥烤鯽魚、醃篤鮮、四喜烤麩、八寶鴨、炒鱔糊皆是本幫菜。

周｜邊｜景｜點｜介｜紹

郵政博物館

由交通部郵政總局於1965年12月成立，1966年3月下旬正式對外開放。創館位置在新北市新店區，後來為配合文化建設與郵政事業發展所需，遷至臺北市南海學園附近，於1984年10月落成啟用，館內設有「郵政博物館大事紀要」展示牆，並有多間展示室，可回顧郵政歷史與時代印跡，並設有兒童郵園，適合親子同遊。

臺灣博物館南門園區

國立臺灣博物館有本館、古生物館、南門館、鐵道部園區等四個館區，南門館前身為日治時期的臺灣總督府專賣局臺北南門工場，作為臺灣唯一的公營樟腦及鴉片加工廠，規模為二戰前東亞最大。現為國定古蹟，到訪時，可參觀建於1929年，當時為消防目的所設置的四百石儲水槽。

牯嶺街

位於臺北市中正區，1945年，日本戰敗投降，在臺日本人陸續被遣返，故將難以攜帶的書籍、字畫擺攤求售，在此聚集許多「舊書攤」，極盛時期，曾有多達兩百多家舊書攤，吸引許多名人騷客前來尋寶。松林書局是牯嶺街的第一家舊書店。

1991年，楊德昌執導拍攝的電影《牯嶺街少年殺人事件》上映，本片改編自1961年發生在牯嶺街的真實案件。一時之間，「牯嶺街」更是廣為人知。

合歡刀削麵

#天下第一攤金牌得主
#就算排隊也得吃

臺北市大安區杭州南路二段55號2樓　02-23964592　10:30～18:30，週一公休
酸白菜煮牛肉麵120元

進入南門市場美食街，最多人排隊的食攤應該就是合歡刀削麵，天下第一攤得主。看著師父們手捧麵糰，現場製作刀削麵條，鋼板刀快速削切圓形麵糰，一條條略呈三角形的粗長麵條迅捷地跳入滾水當中。麵條咬勁十足，吃得到微酸甜麵糰香氣，還有生麵條外衣的滑溜口感。

我最喜歡酸白菜煮牛肉麵，沙茶燉牛肉湯加上大量酸白菜現煮，再搭配鮮牛肉片跟一顆蛋。酸白菜夠酸，味道卻不顯尖銳，進到舌根後，發酵的甜味會慢慢釋放，佐以沙茶口味的牛肉湯頭，沒想到竟然這麼合拍，酸鹹鮮醇，刺激食欲的味道一個不缺，吃起來就像醋溜開陽白菜的高湯加強版。鮮牛肉片一下鍋便立刻停火，熟度剛好，可能受酸白菜汁催化，牛肉特別軟嫩多汁。

每次去南門市場，我都不想錯過這一味，一碗牛肉麵要價120元，也算很公道了。

南門市場
傳統豆花

#會變色的豆花
#耐人尋味的焦糊味

臺北市大安區杭州南路二段55號2樓　0905-595638　09:30～18:30，週一公休
九份芋圓加豆花40元

這間豆花攤的特別之處，在於使用深褐紅色紅糖水跟焦味豆花。放在紅糖水中一段時間，豆花便會染上淡淡紅色，感覺特別補鐵。紅糖水不會過甜，帶些許焦糖香氣。豆花有濃郁且清新的豆香氣，還有淡淡的鍋底焦糊味，足以作為手工製作的證明吧。但我不懂欣賞這糊味，以前賣豆漿都要隔水加熱，就怕豆漿糊了，但現在這豆子的焦糊味好像挺受青睞的。九份芋圓新鮮，煮得軟滑，有濃濃芋頭香味。

國賓炒飯麵

市場裡的飯店級美食
證書和獎狀掛牆上給你看

臺北市大安區杭州南路二段55號2樓　0970-339596　07:00～19:00，週一公休
XO醬肉絲炒飯130元

聽說這是國賓飯店廚師出來開的炒麵飯攤。XO醬肉絲炒飯是我的推薦菜色，剛起鍋的炒飯有裊裊蒸煙，香氣十足，XO醬完全不小氣，整盤炒飯都可見焦金色的干貝絲，炒飯粒粒皆清楚，完全不黏糊，干貝鮮鹹香加上爆炒鍋氣，但味道偏淡一些，頗符合現代飲食需求。

熟食區
（億長御坊、逸湘齋、立家粽子、上海合興糕糰店、快車肉乾）

#南門市場必逛
#想吃什麼買什麼
#價格稍高但可接受

臺北市大安區杭州南路二段55號　08:30～16:00，週一公休

億長
-天下第一攤-
B-13
-南門天

冰糖蓮藕 29

南門市場的上海本幫菜熟食攤，堪稱臺北之最。整個市場裡賣江南傳統美食的攤商比賣生鮮食材的還要多，這應該也是全臺唯一了吧。

每家味道稍有不同，但也不至於差異過大，而且都是老店了，味道經得起考驗。第一次光顧的饕客也別擔心，看喜歡的買就好。但得稍有心理準備，賣價可不是一般市場的價格，卻絕對比在外面的上海餐廳點菜來得便宜。

我個人喜歡億長御坊的紅燒豆包，口感似厚實的麵筋香菇，微甜鹹香；蔥燒鯽魚焦鹹酥，整條魚連肉帶骨，都可食用；八寶醬，毛豆香，酸菜鹹，配飯配麵都好吃。逸湘齋的清蒸臭豆腐，臭豆腐密實帶彈性，熬煮的湯汁中，香菇蝦米魚乾鮮味十足，湯汁完全煮進豆腐心，冷熱都好吃。立家粽子的心太軟，紅棗香甜米糰軟彈，粽子也不錯，但信維市場的更合我胃口。上海合興糕糰店的鬆糕一定要先蒸過再吃，是米香優雅輕甜的糕點。快車肉乾，香脆肉紙是我的最愛。

雙連市場

考生必來，
百年文昌帝君陪你逛市場

雙連站：淡水信義線R12

百年前，此地有兩個大水塘相連，名為雙連陂，潭水的面積跟五個大湖差不多，因此取名雙連。本來以農業為主的雙連地區，隨著城市開發進步轉為工商業，不再需要大量的蓄水灌溉，這兩個大水塘也就被填平，改建成民宅商家。在中山捷運站附近的建成公園，還可以發現當初一小部分雙連陂的形狀。

雙連露天市場位在民生西路45巷，早期有個溫文儒雅的名字「謙和市場」。雖只有約短短三百公尺長，卻有百年的歷史，1915年，為了送人去北投泡溫泉而建立的新北投鐵道通車，雙連也正式設立車站，成為大稻埕周邊的貨運集散地，從那個時候開始就有菜販在車站及鐵路旁擺攤，一百年過去了，鐵路已經被捷運取代而消失，但這個露天菜市場卻還是一樣人聲鼎沸，努力保持濃濃的臺式市場文化。

文昌宮

一條街橫跨臺式
古早風跟前衛文青感

來到雙連市場，別忘記要去臺北文昌宮參拜一下，文昌帝君神像於清末民初時隨商人來臺，現已有超過百年歷史，考生求金榜題名，上班族求加官進爵。離開雙連市場，穿過民生西路幾步的距離，就可以來到赤峰街，融合了傳統汽修的黑油重金屬店家跟現代的文青小店，置身其中，頗有近未來的倖存感。在雙連市場享受完美妙的傳統鹹食後，來赤峰街喝杯文青咖啡、吃個甜點，東西融合一下。

雙連車站到中山站之間的綠色走廊心中山線形公園，是臺北城市博物館計畫中的一部分，除了大量植栽，還常有裝置藝術，前衛新潮，夜間有各式燈光點綴，吃飽後輕鬆漫步其中，頗有引領你從傳統古早慢慢走回現代都市生活之感。

小提醒

雙連市場其實有兩個，一個是位在寧夏夜市旁的雙連公有室內市場，另外一個在雙連捷運站旁的雙連露天菜市場，兩個市場大概是走路十分鐘的距離。這裡介紹的是雙連捷運站旁的露天市場，別走錯了。

錦西街
錦西街
雙連街65巷
車庫油飯
雙連街53巷
臺北市文昌宮
燕山湯圓
承德路二段
錦西街52巷
雙連市場
雙連站
民生西路
民生西路
宮前町大溝遺址
雙連公有
室內市場
承德路二段
赤峰街
心中山線形公園

周邊景點介紹

建成公園

位在捷運中山站附近，有九十年歷史，日治時期是「奎下府町兒童遊園地」。建成公園的共融式兒童遊戲區頗有特色，假日人潮很多。

🏠 臺北市大同區承德路二段35號旁

雙連火車站

1988年隨著臺鐵淡水線停駛而關閉，原址改建為今日的雙連捷運站。

臺北文昌宮

臺北文昌宮現址為遷移後建立的宮廟，年代並不久遠。但是文昌帝君神像為日治時期渡海來臺，應有百年歷史。文昌帝君本名張亞子，四川人，為文昌星轉世，在世功績最有名的卻是領兵抗敵。

小日子

赤峰街

又稱打鐵街。借用中國熱河省的赤峰來命名，顯示毋忘在莒的決心。日治時代就已經發展為小型工業區，是汽修跟印刷廠的聚落，未被過度開發，保留了時代片段的記憶跟氣味。因為捷運通車，古老街道進駐書店及咖啡店之後，成為文青喜愛的寶地。

車庫油飯

#藏身車庫藏不住人氣
#原來滷蛋也能當湯料

臺北市大同區雙連街52號　02-25508270　06:30～11:30，無特定公休
油飯30元 / 綜合湯（貢丸、魚丸、滷蛋）40元

油飯一斤
80 元
OPEN
營業中

自從拍攝車庫油飯之後，就接到好多在地人傳來的訊息，跟我說起車庫油飯的歷史。第一代老闆會把休旅車停在車庫中賣油飯，所以古早的車庫油飯沒有坐位。後來創始人把攤位賣給現在的經營者，很多朋友都說味道跟以前差好多，但油飯的價格依然很符合臺人精神——CP值高。

我沒好運氣可以吃到以前的車庫油飯，但是現在的味道其實也不錯。味道是一個很有趣的感官，通常跟生活記憶有很大的關聯，越早產生的記憶好像越難被取代。但味道是會隨時代進步的，不管精緻度、烹飪方式或調味，大家不會期待吃到三百年前的味道吧，在那個時代，鹽跟白銀一樣貴，但是遠不如現代精緻。現在人強調少鹽、少油、少甜，但這可是數十年前美味必備的元素。放開心胸品嚐美食吧，回憶是美好的，但活在當下更重要。

油飯本身是平實的醬油調味油飯，除了醬油麻油香味，沒有太多其他的味道。供餐前會淋上滷肉醬油汁，讓油飯更濕潤好入口，而且強化了油飯的油脂香味。缺點就是飯會太過濕軟，少了油飯該有的黏口跟韌性。可以自己決定要不要加上甜辣醬，若是喜歡香甜口感的饕客，加上甜辣醬會更好。

綜合湯是豬骨湯加上淡醬油的口味，配上芹菜提味，加入貢丸、魚丸跟滷蛋，我個人喜歡這種湯頭組合。貢丸表現一般，但是魚丸不錯，有肉餡而且量多。滷蛋表現很好，軟嫩但是味道有充分進入蛋中，連蛋黃都有入味。只是我覺得，與其說這是滷蛋，更像醬油泡蛋。把滷蛋的蛋黃打散在湯中，漫著蛋黃香氣的豬骨湯，感覺不錯。

燕山湯圓

客家口味
豬肝怎麼這麼好吃

臺北市中山區民生西路45巷9弄12號　02-25216479
07:00～19:00，週六營業至15:00，週日公休　豬肝鹹湯圓85元 / 碗粿35元

燕山
豬肝鹹湯圓
粉腸鹹湯圓
鹹湯圓
肝連
小腸
粉腸
豬肝
餛飩
貢丸花枝丸
肉粽
碗粿
乾意麵
乾板條
燙青菜
辣泡菜
鹹湯圓
冬至圓
餛飩
紅茶
青草茶
85 85 55 55 50 50 50 50 35 45 35 35 35 35
100 100 70 70 70 70 70 70 55
20 50
180 80 150 20 30
外帶區 請排隊

燕山湯圓
鹹湯圓
冬至圓
燕山
燕山湯圓

已經傳承三代的五十年老店，就在雙連露天市場中的臺北文昌宮旁。雙連地區居民多為遷移到此地生活的桃園新竹客家人，所以頗多客家鹹甜湯圓店。這種藏身在傳統市場中的老店，一定非常接地氣，要了解在地文化，一定要體驗這種店家。坐在店裡感受傳承下來的氣氛，想像五十年前的來客為什麼要吃這碗湯圓，再細細品嚐碗裡的珍饈，體驗會更不同呢！

招牌豬肝鹹湯圓集眾多精華於一碗，好吃得沒話說。豬骨湯加油蔥酥的湯頭味道夠重，再撒上芹菜段調味，油鹹香加上青草的清爽香味，好搭啊。湯圓皮薄內餡多，內餡呈現淡淡紅色，應該是紅糟入餡，肉鹹香濃還充滿湯汁，湯圓皮米香味濃厚，細嚼慢嚥湯圓，享受肉香味之後，會餘留淡淡米香在口中。豬肝煮得超好，軟嫩軟嫩軟嫩，但是豬肝中間完全沒有生味，這應該就是五十年累積下來的經驗，當作招牌，完全沒問題。

碗粿的老米味道比較重，醬汁是客家梅醬的那種酸鹹，很特別，可惜我個人不太習慣。但是這種味道一定是為了在地人的喜好而維持到現在的。

巷仔內大腸煎

#手工填料的「真」大腸煎
#沾不沾醬都好吃

臺北市大同區南京西路25巷20號　02-25508765　11:30～19:00，週日公休
綜合大腸煎（大腸圈、大腸頭圈各一半）60元

雙連
巷
仔內 大腸煎
香菇肉羹、乾麵
倉庫

左邊是大腸煎，右邊是大腸頭煎

講到大腸煎，我就會想到雙連，好像只有在雙連地區才能看到很多店家把大腸煎列為主要銷售食品。本來想吃五十年的雙連大腸煎，但是現在找不到這家店。鎩羽而歸的路上，發現巷仔內大腸煎，店內飄出熟悉的大腸圈香味，但聞不到豬腸的騷味，當下決定換吃這家。

大腸煎的米飯是米糕的口感，加上很多花生，每一口都是滿滿的米糕鹹香跟花生香。而一口咬下大腸，會感覺到這是真的大腸，帶有一點點韌性，但是很容易咬斷，大腸的香味會在咀嚼後湧出，腸子跟米飯混合在一起，濃醇的肉脂香氣混進鹹甜帶堅果香氣的糯米中，簡單但是味道多層次。即便不沾醬也十分美味，但若沾了他們家的醬，會覺得滋味更上一層樓。

大腸頭煎則是限量商品，通常開店兩三個小時內就會賣完，大腸頭跟大腸最大的差異就是厚度跟寬度，大腸頭煎的外皮比較厚，咬下去韌性比較低，口感則較軟厚，加上大腸頭比較窄，米飯量相對少一點，飯少皮厚，更吃得出腸子的口感與內臟的香氣。

記住，千萬不要拿大腸煎跟鹹酥雞或香腸攤常見的米腸做比較，大腸煎相對而言貴多了。那是因為大腸煎是用真的大腸，大腸的形狀不規則，只能用手工填入米飯跟佐料，才能確保在不撐破大腸的狀況下塞入足夠的飯料。普通機器生產的米腸用的則是牛豬皮或植物膠提煉的人工腸衣，形狀規則、利於大量生產，但韌口無咀嚼感又沒香氣，價格當然相對低廉。

大龍市場

天同號肉店
天同號肉店

保濟蒼生

萬仞宮牆

藥局
棉被
FamilyMart

大龍峒市場

保生大帝跟孔子就住在隔壁

圓山站：淡水信義線R14

曾經，對於在臺北土生土長的我來說，大龍峒是個稍微有點陌生的地方。逛夜市去士林，裝浪漫賞星星去圓山天文台（已於2000年拆除），辦年貨去大稻埕，聽演唱會去臺北足球場（現已改為花博公園裡的新創中心），而大龍峒剛好就在這四個地方中間，我經過了不知多少次，好像只有下臺北交流道、途經覺修宮時才會不經意看到這個地名，卻從未確實到訪。

直到後來因緣際會，在大龍峒附近打工當洗水塔小弟，每天中午必須幫大家買午餐，這才一點一點打開對我對大龍峒的認識。

差點被忽略的先代文教區、械鬥的堡壘

1802年，泉州同安人在大隆同（舊名）興建了四十四崁街道，做學問風氣頗盛，在老臺北城中出了

比較多的舉人進士，士子如龍，因而更名大龍峒。

1830年，大龍峒地區最重要的精神中心保安宮落成，然後就發生艋舺大械鬥，三邑幫跟同安幫為了艋舺港的使用權大打出手，艋舺的同安人輸了，只好被迫離開艋舺，去了大龍峒保安宮，以此為堡壘，繼續拚鬥，後來他們又另覓大稻埕開港展開新生活，反而讓大稻埕發展成比艋舺更國際化的商業中心。

經商者大多移去大稻埕，讓大龍峒保留了更多的人文風氣，日治時期被拆除的臺北城孔廟也在大龍峒的文人仕紳捐地後，於此地重建。

大龍峒市場是靠著保安宮後的街市發展開來，市場規模並不大，卻有著臺北大部分市場少見的街坊親切感。只要稍微駐足在小吃店前，就可聽見店主放開嗓門跟鄰居們寒暄問好，這真是市場最美的聲音。可惜隨著都市商業化發展，附近大型超市一間間地開，傳統市集的規模越趨縮小，大家可要好好珍惜周邊的傳統市場啊！

在大龍峒市場吃飽喝足之後，一定要花點時間走訪保安宮跟臺北孔廟。保安宮主要祭祀保生大帝，生前為醫生，救人無數，為了採集草藥救人，跌落山谷仙逝。總感覺在保安宮中可以感受到醫者父母心的溫暖。相對其他廟宇，孔廟氣氛稍有不同，一踏入內，很自然就安靜下來，彷彿進了正在上課的教室一般。

相較於鬧市喧囂的大稻埕、草根性強的艋舺，大龍峒多了些人文雅緻之氣，花一個上午時間吃傳統美食，兼能走訪兩個重要古蹟，很是值得。

保安宮

小提醒

市政府法定的大龍市場已經遷移到新建好的大樓中，外觀頗具文青風，看不出是傳統市場，可惜人潮攤位不多，但是廁所乾淨舒適，天氣熱的時候也可以進去吹冷氣，涼快一下。

大部分的早市攤販都集中在重慶北路313巷到335巷之中。大龍峒早市的店家，週末時間很有可能在中午之前就已經賣完，要吃好料，千萬不能賴床晚到。

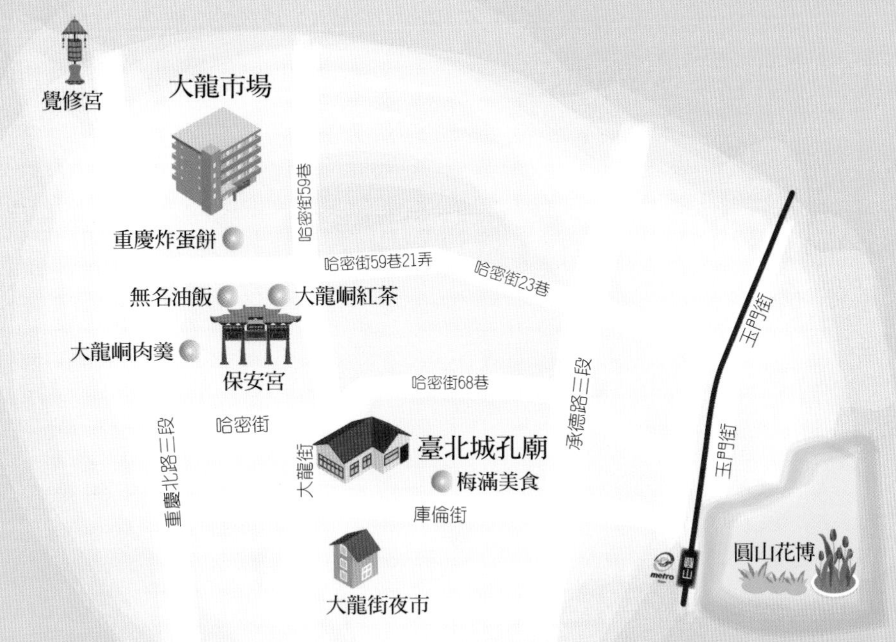
覺修宮
大龍市場
哈密街59巷
重慶炸蛋餅
哈密街59巷21弄
哈密街23巷
無名油飯
大龍峒紅茶
玉門街
大龍峒肉羹
保安宮
承德路三段
哈密街68巷
哈密街
重慶北路三段
大龍街
臺北城孔廟
玉門街
梅滿美食
庫倫街
圓山花博
圓山
大龍街夜市

周｜邊｜景｜點｜介｜紹

覺修宮

1917年建宮，正統道教龍虎山63代天師張恩溥駐此精修，五十年前仙逝之後，多人出來爭天師之位，所以還不確定誰是正統第64代天師。

臺北城孔廟

原清朝臺北城中的臺北文廟，於日治時期改建為臺北第一高等女學校（北一女中），神位暫時委身在臺北大學旁的小廟中。1925年由鹿港辜家跟陳悅記家族捐地，在大龍峒另建臺北孔子廟。每年教師節（9月28日）舉辦秋祭釋奠禮及傳承明朝制度的佾舞。

大龍峒無名油飯（熊會長油飯）

#莫非好吃的油飯都沒有招牌
#晚起的鳥兒沒得吃

臺北市大同區哈密街59巷18弄　02-25925922　05:30～09:15，賣完就收，週一公休
油飯（小）30元/綜合湯45元

25
25 原味
12包 蝦味先

沒有任何招牌跟名字，這家油飯卻也默默賣了四十年。販售的餐點很單純，就只有油飯跟簡單的湯，五點多開門，可能十點不到就賣完收工。店家不但保留先人的好味道，連日出而作的好習慣都被傳承下來。

油飯看起來簡單，味道可一點也不簡單，油飯本身粒粒分明，柔軟卻有嚼勁，非常好入口。油飯上頭淋上少量滷肉汁，增添油飯的香味跟滑潤口感。熊會長油飯口味，除了基本的醬油鹹香、油蔥的香甜辛氣，還能吃到香菇蕈氣跟淡淡的薑麻油味道，這就是我心目中好油飯該具備的味道。也別小看他們的甜辣醬，吃起來還真有點辣，不會過甜，作為佐醬，能增加油飯甜鹹風味，辣香味增加食欲，好醬汁很搭油飯。

綜合湯以豬骨頭熬煮湯底，走清爽風格，沒有太多的調味。湯料豬小腸不騷但保有濃濃的內臟香氣。菜頭軟爛到入口即化，但我個人比較喜歡要稍微咬一下的蘿蔔。豬血軟嫩，只是血的鐵味比較重，好不好吃，端看個人喜好了。

清淡的湯配上口味較重的油飯，兩者相輔相成，如果大家爭當主角，這戲可能也不好看。

許多傳統美食都因為乏人接棒而凋零，但在這裡，應該不需要擔心這個問題，店主一家人似乎都投入其中，有兒孫輩的年輕人加入經營，四十年之後應該還能持續飄香。

重慶豆漿炸蛋餅

#明明是油炸卻像酥烤
#還可以點「雙蛋」隱藏版

臺北市大同區重慶北路三段335巷32號　02-25851096　05:30～11:30，週三公休
炸蛋餅35元/鹹豆漿30元

招牌
炸蛋餅

這家豆漿店的特色並不是豆漿，而是炸蛋餅。倘若你問我，我會說這家炸蛋餅是此處僅有、獨樹一格的小食，強烈推薦，來大龍峒絕對不可錯過。

炸蛋餅的餅皮炸得透徹，所以餅皮反而不顯油膩，有一種酥烤過的感覺，甚至有烤過的焦香味道。酥酥的餅皮加上有點中藥味的胡椒鹽，咬起來頗有吃椒鹽蘇打餅乾的感受。

中間的蛋，炸的時間抓得很好，蛋本身是軟滑半生熟的口感，配上酥酥的餅皮，讓整個食用的感受是酥而不乾，滑潤但是沒有弄濕餅皮。

吃了幾口之後才發現，蛋餅中間居然放了蘿蔔乾，甘鹹之外，還有醃漬發酵的香氣，除了增加整體味道的深度，還有去油膩的效果，這突然放出的一槍，真的打中我的心，只能大喊：好好吃啊！

至於我點的鹹豆漿，嗯，跟我想像的很不一樣，我只能說調味不適合我。

大龍峒肉羹

\# 清湯底的肉羹湯
\# 很多人從小吃到大

臺北市大同區重慶北路三段297號　02-25967090　06:00～14:30，週一公休
米粉湯20元／肉羹湯（小）50元

大龍峒肉焿
大龍峒肉焿
30年老店

又是一間四十幾年老店，安靜地坐落在重慶北路上，只賣早餐到午餐這段時間。有著冷氣店面的傳統小吃攤，料理的攤位還是在戶外的巷口，保留古早小吃攤的風情，又可以讓客人在舒服的環境內用餐，給個讚。

老闆娘很親切，在大龍峒吃東西，讓我印象最深刻的就是常客跟店家的關係，常客可能都是鄰居，店家跟常客日常閒聊，讓吃早餐變得更有溫度。

肉羹湯湯底是用竹筍跟大骨熬煮，滋味特別鮮甜，別以為竹筍熬煮的湯頭會比較清淡，肉羹應該有的勾芡濃稠跟鹹香可是一點也沒少。肉羹本身是用醃漬過的瘦肉條裹上一點點魚漿，有吃肉的實在感之外，魚漿的甜味跟彈性也增添了肉羹的口感和味道。但我個人覺得，瘦肉醃漬得稍甜了一點。一碗湯喝不過癮，還可以請老闆續湯喔。

米粉湯完全符合我個人覺得好吃的三要件：一、豬骨湯頭清甜鹹香；二、油蔥芹菜新鮮提味；三、豬骨湯的味道有確實煮進米粉中。他們的米粉湯頭，豬骨湯底味道濃郁卻沒有豬騷味，米粉煮得很入味，同時米粉的米香味、米漿口感皆盡融入湯中。整碗湯喝起來，除了鹹香之外，還多了一股米甜味跟微微的濃稠口感。

嚴格說起來，我覺得他們應該叫大龍峒米粉湯，米粉當主角更優。

紅茶屋

買飲料得先抽號碼牌
加決明子熬煮原來有它的道理

臺北市大同區重慶北路三段335巷56之1號　02-25941932　06:00～22:00，週一公休
紅茶小杯15元

請 16以前客户至櫃台
仙草來了
歡迎使用
振興券
Since 1981

SINCE 1981
民國70年創立
專業衛生
各式飲品
沙冰總匯
外送專線:25941932
25854775
FAX:25931775

四十年前就已經存在的紅茶店，相信以前應該是用鋼杯現場直接喝，或是裝在塑膠袋中插根吸管帶著喝，濃濃的六〇年代風情。

這杯紅茶很古早味，茶葉跟炒過的決明子一起熬煮，除了原本的紅茶味之外，還多了一點香草跟咖啡的香氣。決明子可以降低紅茶的苦澀味道，以前買不起上等紅茶，所以茶湯多苦澀，就用決明子混入茶中優化香氣跟口感，這真是先人的智慧。

紅茶屋的紅茶很便宜，500cc才十五元，1000cc也才二十五元，比罐裝飲料還便宜，而且新鮮好喝。吃完味道比較重的餐點之後，來杯冰紅茶，爽快啊！

缺點就是，買茶的人好多，就算早上九點去買，也要排隊等一下。

梅滿美食

傳統焢肉飯不必跑到彰化吃
透早吃飽覺得美滿

臺北市大同區庫倫街13巷2弄2號　02-25962348　07:00～14:00，週六、週日公休
焢肉飯65元／酸菜豬腸湯45元／魯菜頭35元／魯筍絲45元／嘴邊肉60元

工藝帆布2239-933
梅滿美食

梅滿美食是一間非常標準的臺式早午餐。以前勞力活比較多的年代，早上來一碗焢肉飯才有能量面對一整天操勞的工作。所以傳統的焢肉飯攤，都是早早就開門做生意，也早早打烊。

焢肉飯上桌，可別一見焢肉大塊就一口咬下，要小心，因為裡面有一根牙籤固定渾圓的肉型，是不是很道地？焢肉咬下去，脂肪的濃郁跟瘦肉的軟嫩席捲味蕾，較濃的鹹甜香加上黃豆醬香氣，堪稱組合一絕。一點點的油嘴感跟香鹹氣十足的味道，配上淋了一點醬汁的白飯，飯粒在嘴中被油脂包覆著的感覺，這就是焢肉飯啊！等等，應該沒人會期待吃到瘦瘦的焢肉飯吧？

小菜的味道也都不俗。魯筍絲保留了筍絲發酵的酸氣，使得口感跟味道更有韻味。嘴邊肉好吃有彈性，推。魯菜頭的醬香味十足，能吃到蘿蔔的口感，多汁又軟嫩，蘿蔔的苦香味也被保留下來，雖然吃起來有些許苦味，但是蘿蔔的香氣會在嘴裡存留很久，苦盡甘來，這是大人才懂的味道。

豬腸湯裡的豬腸給得大方、分量十足，且豬腸用了我喜歡的處理方式：清潔得很乾淨，但是保留小腸中的脂肪。這種處理法可以妥善保留小腸的內臟香氣，喜歡腸子特有香氣的人會很喜歡這種做法。

這家店的價格也是很實惠的，小菜都不貴，焢肉飯價格也只比彰化多五元而已。

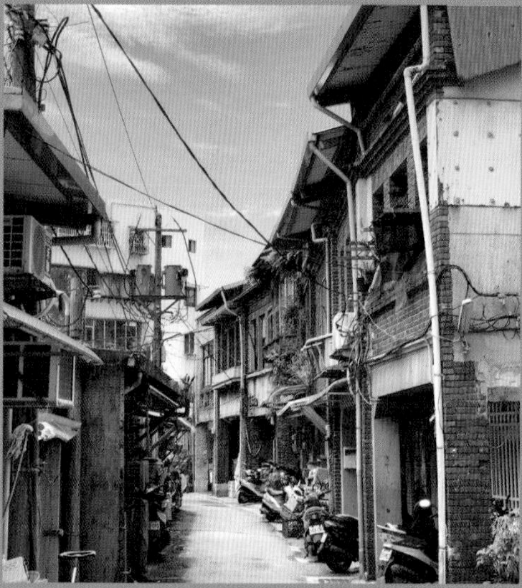

347

北投市場

吃完菜市場就去泡溫泉

北投站：淡水信義線R22

大食品
傳統米食

講到北投，總會讓人聯想到一年四季持續不斷的裊裊溫泉蒸氣。我跟北投也頗有淵源，小時候會搭臺鐵淡水線的火車來北投找外公外婆，那個時候最期待的就是去地熱谷煮雞蛋，當時的地熱谷還沒被開發，只是森林中的一個天然超大熱水潭，把生蛋放進棉布袋中，再放進九十度的熱水潭中，一邊想像掉進池中會上天堂（真的有發生過），一邊期待可以吃到只有蛋黃熟的溫泉蛋。恐懼跟渴望同時在心裡萌發，對小孩子來說實在太刺激了。

幼時的我也總是壓抑不住對另一件事的期待，就是叫舅媽帶我去北投公園附近的北投市場。小時候覺得那是一個好大好大的市場，什麼都有賣，裡頭還有一些茶館，總有不少婆媽叔伯泡在茶館中，茶館裡冒出來的水煙可不輸外面的溫泉蒸氣，這些老茶館造就了北投特有的古早味紅茶文化 。

逛市場，行程如此優雅

北投市場有一百年歷史，自1919年正式成立，市場內有六百二十三個攤位，加上周邊的攤販集中區，總共有八百多個零售攤商，是臺北市最大的傳統零售市場。北投雖然不在傳統的臺北商業區中，但自清朝起，因開採硫磺礦，及至日治時期發展溫泉業，讓北投早早便有商業發展，造就今天熱鬧的北投市場。

來到北投市場，除了品嚐傳統美味，也可以安排優雅的輕旅行路線，周邊有眾多溫泉飯店，坐落在北投公園中的臺灣首座綠建築圖書館曾獲全球最美二十五座公立圖書館殊榮，另有溫泉博物館，位置就在離市場不過五分鐘步行的距離。逛完市場還可以泡溫泉享受芬多精，好吃又放鬆，不來逛逛嗎？

涼麵
味噌湯

小提醒

來到北投市場，千萬不能錯過市場二樓的衆多庶民美食。大部分的早市美食都只有賣到中午而已，想吃的人可不能賴床。另外，北投市場頗有年代，每個攤位都帶有濃濃的歷史痕跡，這也算是庶民生活的一部分，帶著體驗文化的好奇心去品嚐市場中的美食，你會愛上傳統市場的。

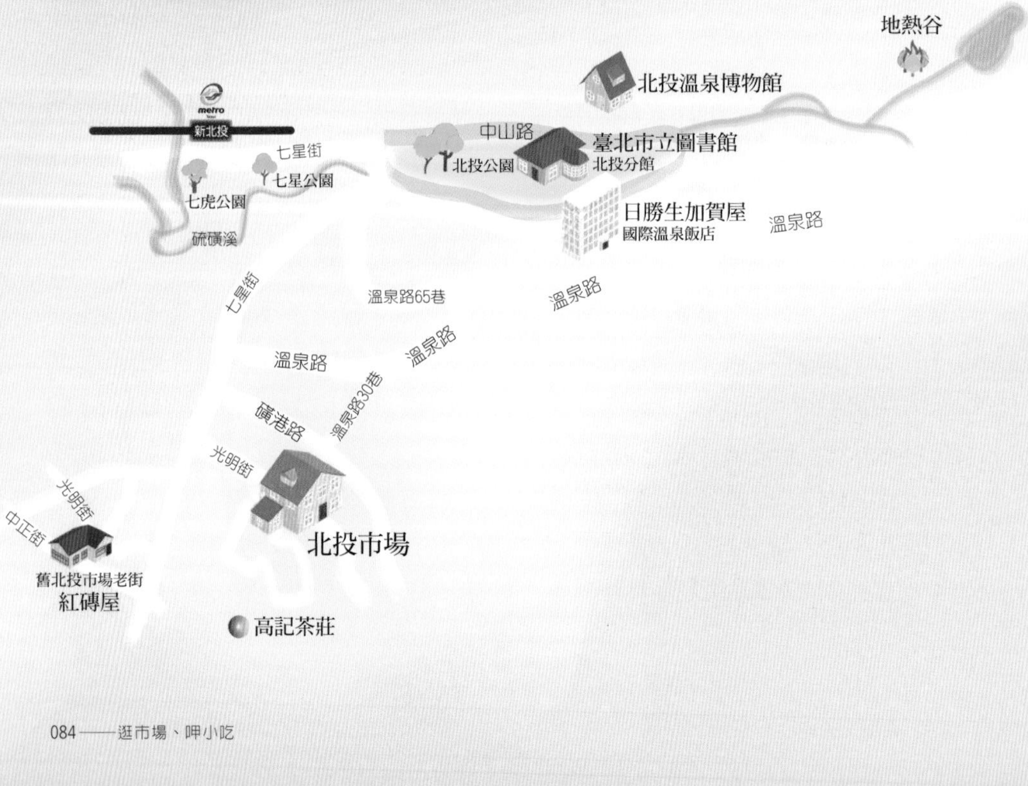

地熱谷
北投溫泉博物館
metro
新北投
中山路
臺北市立圖書館
北投分館
七星街
北投公園
七星公園
七虎公園
硫磺溪
日勝生加賀屋
國際溫泉飯店
溫泉路
七星街
溫泉路65巷
溫泉路
溫泉路
溫泉路
磺港路
溫泉路30巷
光明街
光明街
中正街
北投市場
舊北投市場老街
紅磚屋
高記茶莊

周｜邊｜景｜點｜介｜紹

地熱谷

地熱谷

曾經是臺灣的十二景之一。因常年蒸氣瀰漫，加上曾經發生遊客跌落九十度高溫的池水中身亡，所以又稱「地獄谷」。現在已經被規畫得很安全了，是北投溫泉親水公園的一部分。

北投公園

北投公園是臺灣第一座溫泉公園，也是臺北市的第三座公共公園。公園內還有北投圖書館、溫泉博物館、地熱谷、北投溪等景點。

溫泉飯店區

北投有兩千間溫泉旅館，五間五星級溫泉飯店，以單位面積來說是五星級飯店最密集的區域。其中瀧乃湯是北投區內最古老的百年日式湯屋，日勝生加賀屋則是目前號稱臺灣最高級的溫泉飯店。

臺北市立圖書館北投分館

臺北市立圖書館北投分館位在北投公園中，曾獲全球最美二十五座公立圖書館殊榮。

🏠 臺北市北投區光明路251號

北投溫泉博物館

北投溫泉博物館位在北投公園內。曾經是日治時期規模最大、最華麗的公共浴場。但戰後因為佔用等各種因素消失在歷史中，還好在北投國小的鄉土教學的探勘下，重新發現這座浴場，並且在不支薪社區志工組織下打造出這座博物館，這是臺灣史無前例的社區運動。

🏠 臺北市北投區中山路2號

矮仔財滷肉飯

#跟著最長人龍排隊就對了
#滷汁淋在白飯上的色澤也太誘人

臺北市北投區新市街30號436號攤位　0932-386789　07:00～13:00，週一、週四公休
滷肉飯（大）40元、（小）30元 / 滷白菜30元 / 滷蛋10元 / 赤肉湯50元

如果上網搜尋「矮仔財滷肉飯」，會發現很多部落客的文章標題就是「矮仔財是CNN推薦臺灣必吃的攤位」之類的，但是不論我怎麼查CNN的網站都查不到相關文章，真好奇誰第一個寫出這則新聞。不過CNN的文章確實有推薦滷肉飯「Lurou fan」是臺灣最棒的40個小吃之一。

矮仔財應該是北投市場之星，價格實惠，料好實在，北投人幾乎沒有不推薦的。矮仔財的攤位設在北投市場二樓的一個角落，第一次去的人要稍微找一下，但其實也不難找到，攤位前的排隊人潮便是最醒目的標示。

他們的滷肉飯醬香味十足味道重，口味偏甜一點點。滷肉汁把皮跟脂肪的膠原蛋白都煮出來了，黏濃滑口。吃滷肉飯少不了加一顆滷蛋，他們的滷蛋比較適合喜歡吃硬硬蛋白的食客。因為在頗鹹的滷肉汁中長時間烹煮，導致蛋白外部有點太硬，但是蛋黃卻滷得十分入味，把蛋黃單獨取出，跟滷肉飯拌在一起吃，綿密沙滑的口感、蛋黃香氣，讓滷肉飯更有層次。

如果覺得碎滷肉吃起來不過癮，那絕對要加點一塊爌肉，放在滷肉汁中熬煮好一段時間的爌肉極度嫩軟，就是味道強一倍的滷肉飯上的小肉塊，皮肉脂肪已經融合在一起，但是味道頗重，不太適合單吃，建議配白飯或青菜一起食用。

記得還要來份白菜滷，相對其他菜色，白菜滷味道比較清淡，並保留了白菜的甜味跟口感，搭配油鹹香的滷肉，可以起到均衡的效果。

吃滷肉飯不配湯就稱不上完整，不妨試試他們的赤肉湯，也就是沒有裹魚漿、少粉的肉羹湯，肉本身有醃過，味道很夠，赤肉吃起來彈牙，湯頭也頗好喝。

北投市場一樓有空調，但是矮仔財位在二樓沒空調的區域，建議天氣涼一點時去吃。

鄭家米粉湯 炸魚片

老闆每樣來一份
一週只有三天吃得到

臺北市北投區新市街30號二樓攤位　08:00～13:30，週一、週三、週四、週六公休
米粉湯20元 / 炸魚片20元 / 炸豆腐10元

米粉湯就像是早市的標準配備一樣，我不確定少了米粉湯的菜市場能不能稱之為傳統市場。既然北投市場是傳統市場的代表者，必然能夠找到米粉湯的蹤跡。

簡單且純粹的古早味。這一攤就只賣三樣東西：米粉湯、炸豆腐、炸魚片。

用豬大骨熬湯，熬出來的湯先煮豆腐，略帶脂肪香氣的豬骨湯跟豆腐清香融合在一起之後，湯頭的甜香變得更簡單無雜味。再把煮熟的米粉放入湯中繼續熬煮入味，一入口，只能直呼好吃，是樸實而單純的好味。

煮過的豆腐油炸後就成了上桌的炸豆腐，豆香味很濃，軟嫩的豆腐跟炸得酥脆的皮，沾上他們店裡的海山醬，堪稱絕配。

記得要點炸魚片。魚肉跟麵糊分量一樣多，麵糊味道好，表皮炸得脆脆的，內餡則依然保有濕潤鹹香口感。魚肉被包裹在麵糊中，整體吃起來很有韓式海鮮煎餅的味道。

每樣都點，加起來也才五十元。若吃得不過癮，就多點幾輪吧。

古早味茉利小吃

#菜名言簡意賅
#吃美食也吃親切

臺北市北投區新市街30號二樓攤位　02-28929612　07:00～13:00，週一公休
切仔麵35元／豬肺30元／炸紅肉50元

炸紅肉
豬舌
豬心
豬肺
生腸
肝連
豆干海帶
滷鴨蛋
切仔米粉
切仔麵
古早味
茉利小吃
五十年老店傳統美食　年節牲禮歡迎預購 2892-9612(日) 2894-8266(夜)

我絕對沒有打錯喔！店名真的不是茉「莉」小吃。一個不留意，很容易就會錯過這間店，因為販賣的食物簡單，幾乎隨處可見，許多攤家都有販售，相較周邊的滷肉飯、蚵仔湯等顏色鮮豔的食物，這間店的小吃就真的像茉莉花一樣，低調而芬芳。

但是千萬別小看這間店，超過五十年還屹立不搖一定有它的原因。如果你厭倦味道濃厚的臺灣小吃，茉利小吃絕對是你應該選擇的清新美味。

切仔麵，清甜的豬骨湯加上放在湯裡的各種蔬菜，使得湯頭呈現清新的蔬菜風味，爽口好喝，是重口味食物的最佳搭配。

吃切仔麵當然要來盤黑白切。炸紅肉，就是紅糟肉，特別好吃。我覺得終於有人用可以理解的名稱來稱呼這道菜了，很多店家叫這道菜紅燒肉，看得我心裡老是冒出一堆問號。肉有先處理過，本身帶有五香醃料的香甜鹹，沾不沾醬都沒關係。裹粉油炸，粉皮是淡淡的橘紅色，看起來就很正常，太紅的都有點怪。紅肉炸得恰到好處，肉濕潤軟嫩、表皮酥脆，咬一口，兩種口感同時滿足，心情瞬間飛揚。豬肺則處理得很標準，偏好豬肺的人可以考慮。

最後一定要說，老闆跟老闆娘真的都很親切，讓你吃飯的心情都變好了。

高記茶莊

市場裡的茶館文化
喝茶解膩後再戰下一攤

臺北市北投區清江路25巷54號　02-28963568　07:00～22:00，無特定公休
無憂茶20元 / 洛神烏梅30元

原味好茶系列
香醇奶茶系列
新鮮果汁系列
研磨咖啡系列
熱飲上市
純正蜂蜜+綠茶 (中)40 (大)60
純正蜂蜜+檸檬 (中)65 (大)90
OPEN
洛神烏梅汁
無憂茶
紅茶
綠茶

高記
茶莊

北投市場在1960年代開始流行清茶館紅茶文化，提供工人、建築商人及販夫走卒們休息及應酬的場所，至今仍存留的老茶館大多成為現今北投著名的古早味紅茶店，提供外帶飲料服務。雖然茶館文化現在已經式微，在北投市場二樓還可以看到提供「茶桌仔」服務的清茶館，阿公阿嬤三五成群在菜市場中圍著桌子喝茶吃花生聊天的場景，在其他地方可不常見。

高記茶莊原本開在北投市場的一樓，三十年前開業時，剛好趕上這波紅茶文化興盛，加上老闆對茶葉跟配料品質的要求，能持續提供好品質的清涼茶品，故而成為市場中的排隊名店。排隊，絕不是他們動作慢，而是購買的顧客太多。

招牌無憂茶是烏龍茶混綠茶，啜飲第一口，會覺得滿口清香，只是茶味稍淡，但之所以會覺得茶味淡，是因為完全沒有苦澀味，多喝幾口，便會覺得尾韻的茶甘香從舌根竄出，真不像二十五元外帶茶飲的品質。

排隊時，我前面的阿姨推薦我一定要試試洛神烏梅，洛神花的酸甜香氣跟烏梅特有微微焦香的酸甘味道，夏天喝，真的很沁涼、消油解膩，一杯洛神烏梅下肚，還可以再吃下一攤。

高記茶莊後來自北投市場內搬出，新址離原本靠近市場七號出入口旁的位置不遠，就在一旁對街轉角。

臺北捷運 / metro taipei

中和新蘆線

中和新蘆線的代表色號為橘色，為中和線、新莊線、蘆洲線的合併簡稱。全線所經新北市行政區有中和、永和、三重、新莊、蘆洲五區，是目前臺北捷運路線中，經過最多新北市行政區的一條，全線皆為地下路線。

沿線主要停靠站有：南勢角、行天宮、大橋頭、輔大、迴龍等。

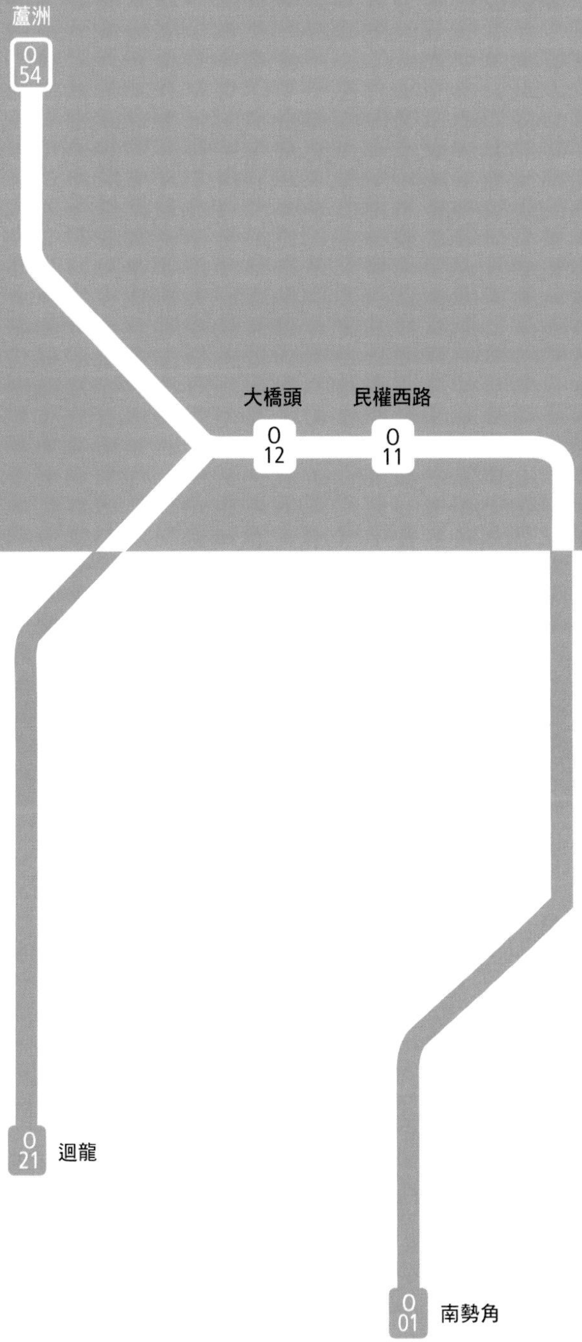

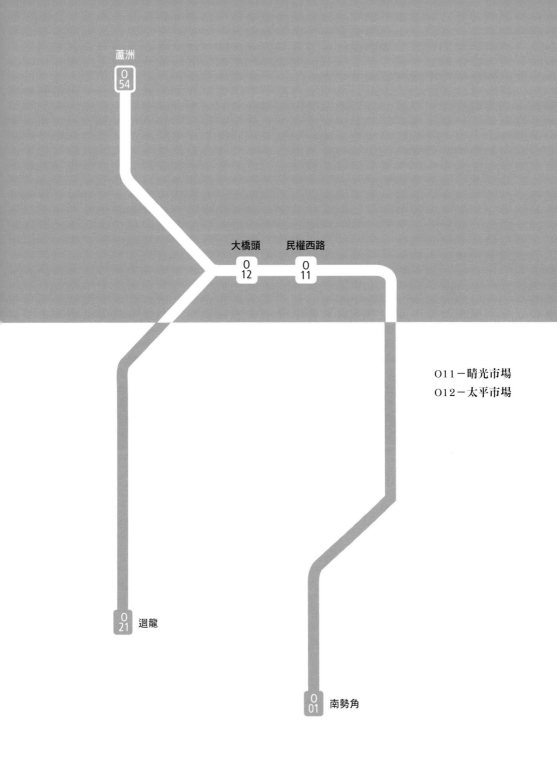

蘆洲
O
54
大橋頭
O
12
民權西路
O
11
O
21
迴龍
O
01
南勢角

O11－晴光市場
O12－太平市場

志祥

晴光商圈

韓戰帶來的舶來品特區

民權西路站：中和新蘆線 O11、淡水信義線 R13

晴光舶來品中心大樓
歡迎光臨

晴光市場位在林蔭大道中山北路上，在日治時期只是一個小菜市場，因為兩場影響亞洲甚巨的戰爭：韓戰跟越戰，搖身一變，成為臺北歷史最悠久、規模也最大的「舶來品」，也就是洋貨集散地。

1950年分裂韓國的韓戰爆發，美軍顧問團來臺駐紮在中山北路、民族東路一帶，美軍帶來的物資跟福利品部分流入市場，讓當時處於戒嚴狀態，不開放出國旅行跟貿易的臺灣，也能買到「高檔」洋貨。隨著美軍顧問團及家眷人數日增，外國商品購物的需求也增加，緊鄰基地的晴光市場遂成為舶來品的交易集散地。

充滿異國風情的晴光商圈

美軍帶來的不只有舶來品，還有大兵們的信仰跟休假時會去的美

式酒吧、俱樂部，甚至活絡了情色產業，造就了晴光商圈（中山北路、雙城街周邊）濃濃的異國風情。

小時候爸爸開車載我經過這附近，都會特別交代：危險！晚上別靠近。這句叮嚀烙印在我心底，從此晚上去雙城街，都會讓我腎上腺素大量分泌。出社會開始工作後，我喜歡上在美式酒吧看運動比賽的氛圍，而當時晴光商圈裡美式酒吧林立，有不少選擇，變成了我週五晚上常去消磨時光的地方。

1975年越戰結束後，駐臺美軍數量大減，影響了晴光市場的舶來品交易量。但直到臺灣於1979年開放個人出國觀光；1987年解嚴；2002年加入WTO、降低進口貿易關稅、致使進口產業開始蓬勃發展之後，晴光市場的舶來品交易跟舶來品這個詞彙才漸漸走入歷史，現在僅存零星幾間舶來品店，若想感受一下當時的時代氛圍，得趕在這些店家凋零之前。

燈紅酒綠、五光十色的區域，通常也是美食的集散地，白天的晴光市場有我最喜歡的滷肉飯跟油飯，吃飽可以去臺北最美大學大同大學找萬神殿，或是一訪花博公園（原美軍顧問團基地）悠閒散步。晚上可以去雙城街夜市品嚐眾多三十年以上的老攤，喜歡小酌的，可以在Pub林立的雙城街巷弄中找到符合你風格的小店，來上一杯，就算不想喝酒，也可以在這街上漫步，感受有點刺激的臺北。

SPORTS BAR
88
BEAR HOUSE
GD
GAGA

花博公園
民族東路
大同大學
雙城酒吧街
中山北路
雙城街
雙城街18巷
晴光市場
農安街
林森北路
晴光油飯
張媽媽切仔麵
晴光紅豆餅
雙城街夜市
阿香三明治
双妹嘜養生甜品
浸信會真光堂
黃記魯肉飯
雙城街4巷
民權西路
民權東路一段
9
4
7
3

周邊景點介紹

大同大學

位於臺北市中山區的私立大學，前身為大同工專、大同工學院，1999年改制為大同大學，設有國際學院、電資學院、工程學院、設計學院、經營學院。校名出自《禮記》禮運大同篇，校內的尚志教育研究館、穹頂音樂廳、志生紀念館為其特色建築。

真光堂

於1954年，由美南浸信會宣教士設立，尖塔式教堂在臺北是相當少見的，整體採巴洛克風格，外觀十分簡樸、優雅。

花博公園圓山公園區

2010年舉辦臺北國際花卉博覽會，設置四大展區，博覽會結束後，將圓山公園區、美術公園區與新生公園區的部分整理而成花博公園。

圓山公園區又名中山1號公園，每週六、日固定舉辦由臺北市政府產業發展局輔導設立的花博農民市集。

花博公園
圓山
EXPO PARK

小知識補充站

⊙舶來品泛指外國的民生用品或精品，多為跑單幫帶進來或是貿易商小量進口。電子機械、書籍雜誌等進口物品大多叫作貿易商貨、水貨、原文書，很少用「舶來品」稱之。

⊙臺灣省戒嚴令自1949年5月20日生效，於1987年7月15日終止，總共施行了三十八年又五十六天。

阿香三明治

#三明治口味兩種飲料選項也兩種
#聽說抹醬是自己做的

臺北市中山區雙城街10巷13-1號　0939-315667　07:00～13:30，週日公休
火腿蛋三明治50元

阿香
現烤
三明治
40年老店
5公尺

四十年來只專注做一項商品，就是火腿蛋三明治，選項只有要或不要加肉鬆而已。

同一種食物，老闆做了超過六十萬次，三明治整體口味絕對是千錘百鍊。三明治的吐司麵包奶香味超濃，稍微煎燒過的麵包表面帶有一點點焦糖的甜香。

抹上的花生醬跟美乃滋，比例應該是店家的不傳之祕，鹹甜味平衡得很好，保持一種清淡但是無法忽略的優雅香氣，淡淡的花生堅果香提升了煎蛋的風味，讓火腿的燻鹹香更醇厚，還有滿滿的小黃瓜跟番茄，增加三明治的清新跟脆口感。很神奇的美味組合。如果真的要說缺點，嗯，相比其他火腿蛋稍微貴一點，但值得試試看。

老晴光
張媽媽切仔麵

#門口就有超大菜單先想吃什麼
#小菜價格要另外問

臺北市中山區雙城街12巷15號　02-25916793　12:00～18:30，週日公休
乾拌麵40元 / 湯米苔40元 / 紅燒肉40元

晴光切仔麵
50年老店
只此一店別無分號
古早味切仔麵
50年老店 晴光張媽媽
週一～週六 11:30~19:00
週日公休
張媽媽
50年老店
切仔麵、切仔米粉

聽說這是最早進駐晴光市場的小吃攤，有五十年歷史了。

這間店的乾拌麵，淋醬是紅色的特調臺中口味海山醬，整碗麵吃起來甜甜的。我本身不好偏甜的鹹食，臺南鱔魚意麵吃了好多次也吃了好多攤，就是沒辦法說好吃。

湯米苔目，鵝骨熬出來的高湯配上紅蔥頭，蔥油香加上甘鹹的湯底，好喝。如果米苔目可以更軟滑一些，讓米苔目吸收更多湯汁的肉脂香味就更好了。

紅燒肉炸得軟嫩，肉是沒醃漬過的鮮豬肉，外層裹的紅糟帶有甜味。如果單吃紅燒肉，就是甜甜的炸豬肉，沾醬再吃，我個人比較喜歡。

這間店最大的優點是價格真的很實惠。

晴光油飯

油飯香氣逼人
大量香菇很搶戲

臺北市中山區農安街2巷　02-25911499　11:00～17:00，無特定公休
油飯40元

晴光油飯
油飯
花枝焿
肉焿
魷魚焿
綜合焿
50年老店

四十五年的老攤子，專賣油飯跟綜合羹湯。

老闆娘三不五時替油飯澆上湯汁，應該是為了保持油飯的濕度。

油飯確實鬆軟好入口，米粒吸飽醬油醬汁，每一口都能吃到滿滿的醬香氣。

除了炊進米粒的醬油鹹香之外，還有麻油香菇跟薑，調配出非常對味的麻油雞香氣，這是我心心念念的古早味油飯應該要有的味道。

用料實在，口味絕對地滿足了我的老靈魂。

晴光紅豆餅

#最有名的紅豆餅
#買五送一可以三種口味各吃兩個

臺北市中山區雙城街12巷16之1號　02-25918496　11:00～19:30，無特定公休
紅豆餅15元

晴光

餅皮煎烤的時間充足，所以軟嫩跟酥脆的口感並存，奶甜香十足，很有可麗餅的感覺。三種餡料，紅豆、奶油跟菜脯，不管哪種口味，餡料都超級飽滿，餅皮也沒有鹼澀的味道，皮薄餡厚，兩者的香氣融合得很順。

我最愛奶油，奶油卡士達餡不會太過甜膩，帶有一種纖細的牛油香氣跟濕滑口感，配上同樣有著奶香的甜餅皮，根本就是天造地設。

菜脯也很棒，可以看到老闆用小工具填壓菜脯，好實好實，只可惜菜脯的鹹跟胡椒味稍弱，被餅皮的甜味搶走了味道的平衡感。

紅豆餡能吃到顆粒感，卻又綿密軟滑，甜度剛好，沒有豆生味，不油膩，連我這種不喜歡紅豆的人都覺得OK，可以連吃兩個。

双妹嚜養生甜品

依季節不同推出限定口味
正宗港式燉奶

臺北市中山區農安街2巷20號之33　02-25996282
11:00～21:00，週日12:00～21:00　芒果燉奶（夏季限定）150元

since 1999
Shuang Mei Mai
名模酷愛養生甜品
TWINS CHINESE HEALTHY DES
感謝蘋果日報-娛樂名人於2004年8月10日刊登・【
美人畫押買奶

老闆原來是香港珠寶設計師，來臺灣開了這間店，已經過了二十一年。

燉奶，簡單說就是奶酪，剛入口時，會覺得味道好像淡了一點，但不過一下子時間，乳脂的甜香味開始慢慢在嘴裡釋放出來，而且香味持久，讓我不禁在心裡喊出「wow」。芒果的品質很好，味道很香很甜。

吃過之後，會懷疑市面上其他奶酪是不是加了太多香料？

價格不便宜，但也不常吃到這麼自然、好味的港式甜點。

攤位在晴光商圈內，真的是一家小店，門口勉強可以坐五六個人，但若碰上夏天，顧客應該不會想坐在外面食用，還是打包帶走吧。

官網說：双妹在廣東話是雙胞胎，也可以解釋為兩位感情非常好的姊妹淘黏在一起。嘜在廣東話發音「ㄇㄞˋ」，指的就是品牌。

黃記魯肉飯

#外國人都愛吃
#沒吃魯白菜別說你來過

臺北市中山區中山北路二段183巷28號　02-25958396　11:30～20:30，週一公休
魯肉飯（小）30元、（大）40元/竹筍排骨湯50元/魯白菜50元

黃
記魯肉飯
蹄膀便當
焢肉便當

我覺得這是臺北必吃的魯肉飯之一。

在晴光公園旁的小吃店，中午十二點開賣前就已經聚集排隊人潮，隊伍中還不乏外國朋友。

黃記魯肉飯銷售的品項根本是臺灣本土小吃集錦，魯肉飯、雞肉飯、焢肉飯、肉羹、花枝羹、貢丸湯……不能再寫下去，口水快噎著自己了。

魯肉飯是鹹帶甜的南部口味，醬香跟肉皮的脂香氣四溢，五香隱隱地拉提口味卻不搶戲，魯肉汁不油膩，充滿膠質的圓潤，還會稍微黏著你的嘴唇，讓魯肉汁的香味多留一點時間在你的嘴裡。白飯不會太過軟爛，配上鹹香蜜滑的魯肉湯汁，湯汁包裹著扎實的米粒，咀嚼時，米甜味伴著肉香味起舞，真幸福。

魯白菜必點，完全的菜尾風格，燒得軟嫩的大白菜釋放出土質甜味，跟瘦肉絲、炸豬皮一起燉煮，加上一點沙茶醬，完全不輸高檔佛跳牆裡面的白菜底。

至於竹筍湯，清甜清甜清甜清甜清甜，就算連說三十次也不會膩的清甜，夏天喝，可謂一大享受。

車位出租
認識真實中
唯有大紀

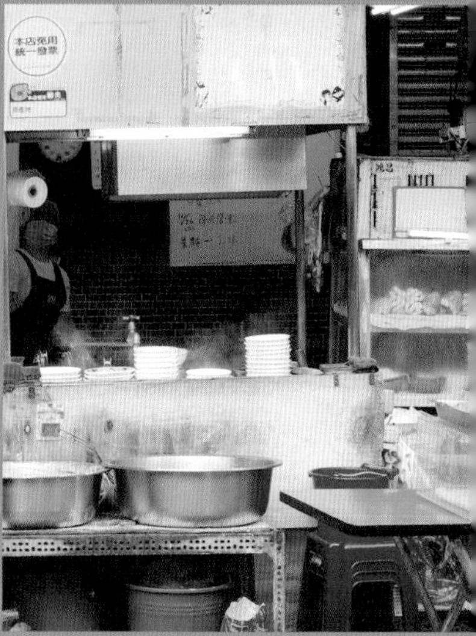

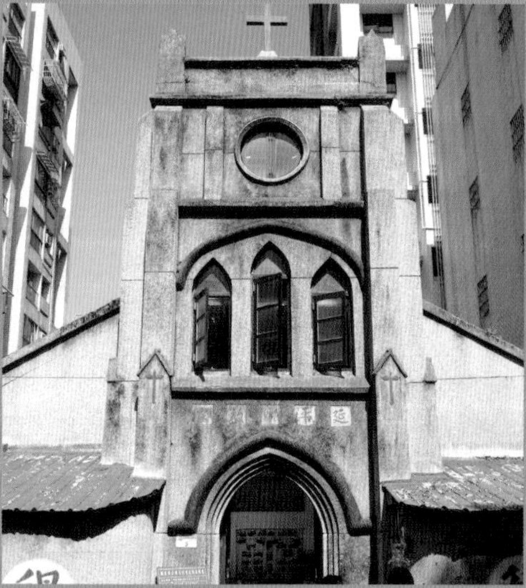

普春

大稻埕慈聖宮

太平市場

曾是臺北最大的蔬果集散地

大橋頭站：中和新蘆線 O12

生永得

如果問你太平市場在哪裡？大部分的人一定滿腦子問號。但若說到大橋頭站或是號稱臺北第一的阿角紅燒肉，大家應該就不陌生了。太平市場位在太平國小跟大橋頭站之間的巷子裡，地處大稻埕的最北端。市場裡亂中有序的攤商、總是微微濕濕的地面、叫賣的吆喝聲、充滿生命力的五彩蔬果跟顏色鮮嫩的肉品，還有人氣跟食材香氣夾雜的市場味，這是最貼近傳統臺灣鬧市的庶民風情。在一片菜市場改建風潮中，在臺北要找到如此風景，越來越難。

1938年成立的太平市場，在日治時期是以臺灣人為主要消費族群的公設市場，當時該地區叫作太平町，市場因此命名。雖然現在的太平市場規模不大，但在五十年前，這裡可是臺北最大的蔬果批發集散地，每天一大車一大車的蔬果從臺灣各地運來拍賣，見證當時大稻埕

豬腳麵線
許仔豬腳

的繁榮跟商業地位。1974年，臺北第一果菜批發市場建置完成後，批發業務被轉移到該市場，也宣告都市變遷的到來。

臺北最老的兩間國小比鄰而居

太平市場旁有太平國小跟永樂國小，兩所國小只隔著一條延平北路對望，是此處僅有的獨特景象。太平國小是臺北最老的公設國小，兒歌〈造飛機〉的創作者跟中國信託創辦人都是這間學校的畢業生。永樂國小則原來是太平國小的女子分校。

太平市場中最有名的地標應該就是阿角紅燒肉（又稱「劉美麗紅燒肉」），網路上宣稱其為地表最強夢幻燒肉。附近還有百年的阿華鯊魚煙，連我們家挑嘴的女大生都喜歡。大稻埕三大廟慈聖宮在步行數分鐘的距離中，廟埕大榕樹下擺滿小吃攤的桌椅，是體驗大稻埕庶民生活最佳選擇。日治時期，大稻埕最大的兩座西醫院之一，仁安醫院，也在附近矗立了百年，現在雖已停業，但是開放參觀，可以看到三〇年代醫院的樣貌。

吃飽之後，可以漫步至迪化街十連棟，目前雖然只保留第一進，但這十棟本來大部分是八十公尺長的碾米廠，可直通淡水河，從這裡開始往後延伸的延平北路二段，舊稱粿仔街或粿穴，是這一帶曾為臺北米倉，也是米製品重鎮的見證。

小知識補充站

⊙日治時代就存在的公有市場，包括東門市場、南門市場、新富市場、西門市場、西寧市場等，是以日本人需求為主的市場。

⊙臺北第一果菜批發市場也正在改建中，預計2028年完工。

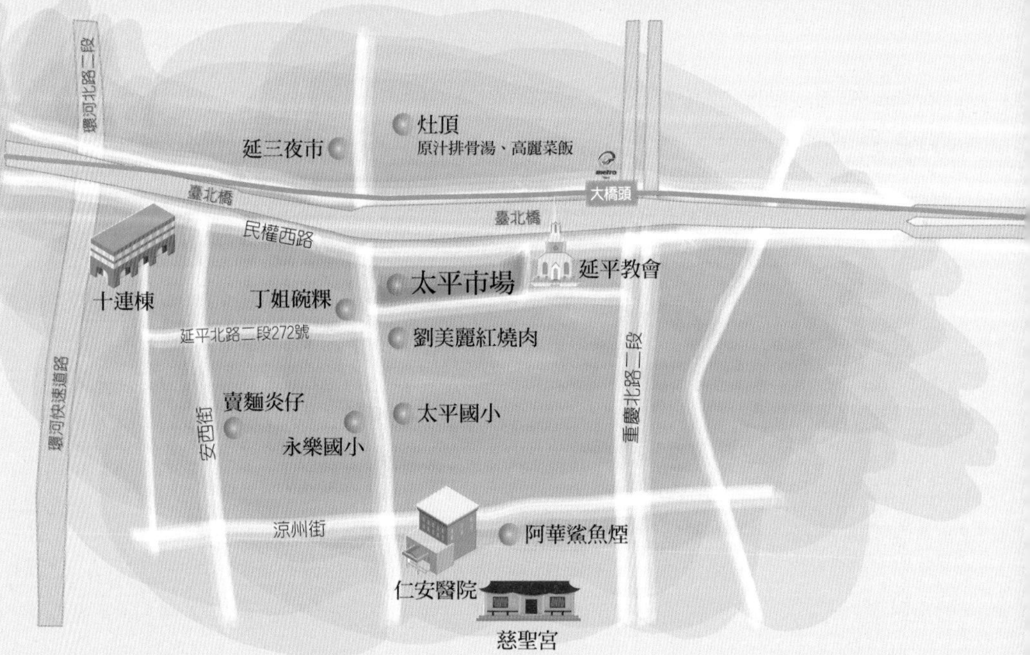

環河北路二段
灶頂
原汁排骨湯、高麗菜飯
延三夜市
大橋頭
臺北橋
臺北橋
民權西路
延平教會
太平市場
十連棟
丁姐碗粿
延平北路二段272號
劉美麗紅燒肉
環河快速道路
重慶北路二段
賣麵炎仔
太平國小
安西街
永樂國小
涼州街
阿華鯊魚煙
仁安醫院
慈聖宮

周｜邊｜景｜點｜介｜紹

十連棟

位於迪化街北段，是都市更新與古蹟並存的極佳展現。此一建築群為分別經營五家碾米廠及一家縫衣線工廠的六大家族結屋而成，都市更新改建時，刻意保留舊建物的第一進，即騎樓立面，新大樓則居於舊建築的後方。

仁安醫院

仁安醫院

由柯謙諒醫師於日治時期建立，後代屋主將之捐贈給臺北市文化局使用。一樓展示空間現分成兩區，左半部保留當年老醫生看診時使用的器具，聽診器、針筒、手術台等等，右半部則放置臺北市社區營造的相關介紹。仁安醫院為日式歐風建築，於2001年入選臺灣歷史建築百景之一，2021年公告為直轄市定古蹟。

延平教會

得永生
信耶穌

直轄市定古蹟。創建於1937年，原本是日本聖教會宣教場所，1957年改稱為「延平基督教會」，具有見證聖教會宣教之歷史價值。建築本身為紅磚造，後外加洗石子裝修。教會目前除了作為傳道場所之外，還與大同社大合作人文歷史調查與社區營造，從事老人關懷、弱勢學童課後輔導等工作與志工培訓。

慈聖宮

直轄市定古蹟。位於臺北市大同區慈聖里，供奉媽祖，故又稱大稻埕媽祖廟、稻江媽祖廟，由頂下郊拚後，遷移至此的同安人所建立。和霞海城隍廟、臺北法主公廟並列為大稻埕三大廟宇。

阿角紅燒肉
（劉美麗紅燒肉）

地表最強夢幻燒肉
本名是劉美麗切仔麵

臺北市大同區延平北路二段247巷2號　0981-123034　08:30～13:30，週一公休

綜合紅燒肉100元/豬皮40元/陽春麵40元

人手不足
請見諒
本店免用
統一發票

在街口騎樓下賣了五十年的老攤，歷史的痕跡跟粹煉出的美味，總是特別吸引人。

陽春麵的湯頭有豬骨跟蔬菜的甜味，湯頭清爽味道不重，白麵綿軟吸收很多湯汁，滑溜好入口。

燙豬皮處理得好棒，保留薄薄的一層皮下脂肪，這是我在其他地方沒吃過的處理方式。豬皮彈口，特有的膠質黏口的香味，加上皮下脂肪的濃郁油香味，大大提升豬皮的醇厚口感，讓我誤以為在吃三層肉，沾上一點醬汁跟薑絲，吃起來更是爽口。

紅燒肉聽說有五、六種部位可以選。「三層肉紅燒肉」裹漿的顏色不會太紅，很自然，炸得酥脆鹹甜，味道剛好，豬肉本身有醃漬的淡淡鹹香味，強化了原本的甜味，完全不腥臊。脂肪入口即化，立刻變成包圍舌頭的濃厚豚香味，佐以軟嫩的瘦肉，慢慢咀嚼，甘甜鹹香跟豬肉的肉汁香慢慢地釋放出來。

經年累月累積下來的油炸技巧跟時間掌控，造就了「瘦肉紅燒肉」這高檔炸豬肉。肉真的很嫩很多汁，肉汁鹹香會回甘呢，花點時間慢慢咀嚼，才能細細品嚐這紅燒肉的美好。

丁姐碗粿

\# 走過路過還好沒錯過
\# 蒜味醬汁微甜不死鹹

臺北市大同區延平北路二段272巷4號　02-25535997　08:00～14:00，週一公休
無刺虱目魚碗粿45元／大腸蔥肉碗粿45元

碗粿
碗粿
丁姐
碗粿
古早味碗粿 35
無刺虱目魚碗粿 45
大腸蔥肉碗粿 45元
學甲虱目魚丸湯 30元
碗粿買十送一
通海水產

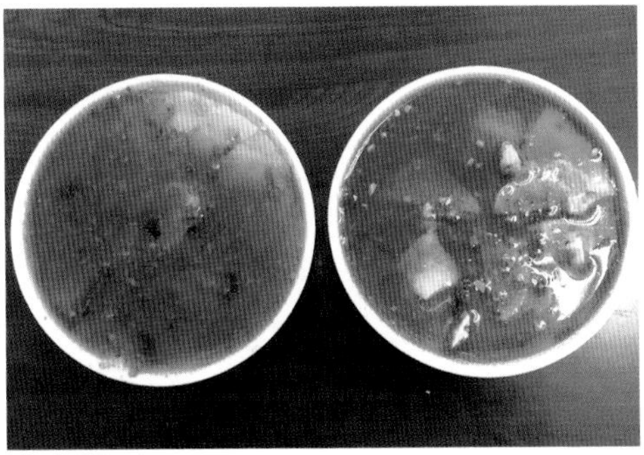

偶然發現的店家，店面陳設很簡單，就像在家裡客廳擺了兩、三張桌子，讓我稍微猶豫了一下才走進去，事後證明放下成見進來是對的。我是被招牌上的大腸蔥肉碗粿跟無刺虱目魚碗粿，這兩種從沒見過的碗粿口味吸引進來，坐下之後當然兩種都要點。

大腸蔥肉碗粿以絞肉取代肉塊，完全沒有任何一口味道是淡而無味，每一口都能吃到油蔥香味跟肉香，滷得很有醬油鹹香味的豬腸更是滿布碗粿中。碗粿的醬汁是我近期吃過名列前茅的好吃滋味，蒜味醬鹹香跟適當的甜味，強化碗粿的米香味。說真的，大腸蔥肉碗粿吃起來很有大腸麵線的味道，但是變成固體米香，很特別。

無刺虱目魚碗粿則因為配合魚肉的甜味，所以油蔥味道少一點點。滿滿的虱目魚背肉塊，因為是魚背肉不含脂肪，所以完全沒有任何一點魚腥味，魚肉的味道很香甜，單吃魚肉塊會比較乾刺一點，要把魚肉塊稍微壓碎，配上碗粿及醬汁一起吃，魚肉香跟米香佐以蒜味跟油蔥味，充滿香甜海味的碗粿，好吃。

灶頂
（原汁排骨湯、高麗菜飯）

桌椅帶出濃濃的懷舊心情
完全看不到店名

臺北市大同區延平北路三段17巷2號　02-25535997　09:30～21:00，週一公休
原汁排骨湯80元 / 高麗菜飯20元

外帶請排隊

我真的好土！吃完之後，才知道無意間撞見的是米其林必比登推薦的攤商之一，會進這間店，主要是因為店內擺設的是國小的課桌椅，看起來好有趣。

基本上你不會知道店名叫作灶頂，招牌上只看得到「原汁排骨湯」跟「高麗菜飯」，卻不見店名。

高麗菜飯，用豬油爆炒油蔥高麗菜，然後跟米飯拌勻燜蒸，高麗菜清甜及油蔥酥香隨蒸氣透入米飯，香鹹湯汁跟豬油薄薄均勻包裹著米粒，清爽不油膩。吃起來會有一種吃一口飯配一口炒高麗菜的感覺。高麗菜飯很香，但是不會過鹹，多了高麗菜的自然甜味，吃起來特別順口。

原汁排骨湯的湯頭清澈見底，沒有一絲肉沫，喝起來非常乾淨簡單，單純的肉香跟蘿蔔甜味，即便是夏天喝熱湯，也不會感覺到負擔。蘿蔔煮得很好，保留蘿蔔該有的咀嚼口感，不會過爛。排骨煮得軟嫩香滑，咬起來豬肉甜香四溢。真的是原汁原味，好好喝的蘿蔔湯。

賣麵炎仔
（金泉小吃店）

銅板價卻有高級感
無時無刻不排隊

臺北市大同區安西街106號　02-25577087　08:00～14:00，無特定公休
切仔麵20元 / 紅燒肉50元 / 花枝50元 / 豬肝50元 / 鯊魚煙50元

賣麵炎仔，必比登推薦的麵攤。我第一次看到這家店的時候，其實並不知道它這麼有名，只是覺得，怎麼一個躲在學校後面小巷子中的麵攤，居然早上十點就有一堆人排隊？讓我覺得超級好奇。

主餐的麵食是切仔麵，雞骨湯加上蔬菜，湯頭鮮而且清甜。麵條很像油麵，但吃起來又不太像，沒有鹼味、麵條有點彈牙，讓整碗麵吃起來有高級感，完全不像一碗二十元的切仔麵。

紅燒肉以三層肉為主，皮脆肉本身Q軟，脂肪部位炸得很乾淨俐落，不會有油膩感，咬起來只覺得紅燒肉更為濃醇多汁。紅燒肉味道很好，鹹甜適中，不會太偏甜。

水煮花枝吃起來超有在海邊點活花枝清燙的感覺，味道鮮美、花枝彈牙，完全沒有腥味，咀嚼時，會有甜味持續釋放，我真心覺得這道菜絕對是必點菜色。

燙豬肝吃起來很像粉肝，油脂感讓豬肝軟嫩順口，配上醬油膏，吃起來真的很滑順。

鯊魚煙的味道很單純，鯊魚肉本身沒有醃漬過，若單吃不沾醬，可以吃到鯊魚原味，沒有腥臊味，這是很多其他店鯊魚煙做不到的。

總的來說，是一間好吃的麵攤，面面俱到，每樣東西都是水準之上，連裝盤都有注意，很是用心。

臺北捷運 / metro taipei

松山新店線

■

松山新店線的代表色號為綠色，若排除地下至高架路段的小碧潭支線，則全線皆為地下路線。在現階段臺北捷運所有的營運路線中，是唯一與其他路線皆能在站內轉乘的路線。

■

沿線主要停靠站有：西門、小南門、北門、臺北小巨蛋、公館等。

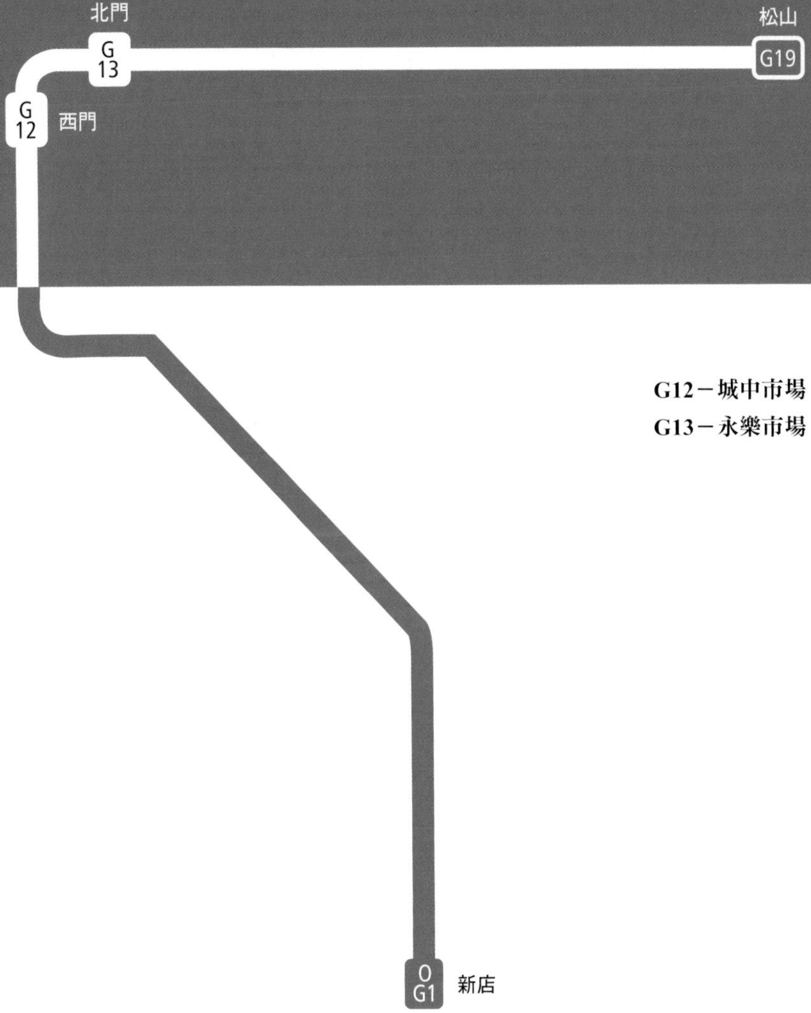
北門
G
13
松山
G19
G
12
西門
O
G1
新店

G12－城中市場

G13－永樂市場

CAFÉ &
明星
SINCE 1949

城中市場

150 年前臺北城中唯一的市場

西門站：松山新店線G12／板南線BL11

MIDTOWN

1990年之前，臺北市曾有「城中」這個行政區，轄區內有清末建立的臺北府城，因而得名。城中市場就是清朝開始在臺北城中的攤商聚集區，北接大稻埕，西連艋舺，販售兩地商品，是當時臺北第三大的商業區。

城中市場夾在兩個知名度很高的鄰居之間，分別是超過百年的重慶南路書店街跟博愛漢口的相機街。我的第一本國語字典，是姊姊牽著我的手在重慶南路上，邊吃著酒釀餅邊散步買到的。也曾經陪著舅舅在漢口街買了我人生看到的第一台萊卡相機，當然那個時候完全不理解萊卡跟柯尼卡有什麼差別。

消失中的百年書店街

1915年，當時臺北最大也最現代化的書店新高堂於府前街（重慶南路一段）上開業，挑高明亮的

誠心堂化學股份有限公司
裕隆香料
均懋貿易
Nikon
秋葉原
OLYMPUS
JVC
RICOH
Canon
R5
R6

明星西點
Astoria
明星咖啡

大廳，店內書架林立，擺滿可以隨意翻看的書籍，在在都是當時的創舉。這間現代化的書店吸引人潮，也吸引了其他書店相繼聚集，從此打開了重慶南路往後百年的書店盛世。這條只有一．三公里長的重慶南路曾經開設了臺北三分之二的書店跟出版社。在還沒有Google的年代，重慶南路書店街是各種新知識的集中地，可惜現在重慶南路上的書店越來越少了。書店可是都市專屬的風景，有空多逛逛書店吧！

1921年開業的西尾商店位在新高堂對面，店主西尾靜夫原本在來臺拓點的資生堂裡賣相機器材。在藥妝店裡賣相機，這模式也太有創意了。後來西尾自己創業，成立了當時臺灣最大的攝影用品店，而當年全臺最大的報社《臺灣日日新報》也在附近，報社是那時相機的最大買家，因而帶動相機聚落成形。即便網路商城已成當今生活最便利的購物管道，但若要買相機鏡頭，我還是會來相機街取經並試用。

新高堂原址現已改建為東方大樓，是臺灣第一家本土出版社東方出版社的舊總部；西尾商店後來成為金石堂第一間分店，現在是共享辦公室；臺灣日日新報社則成了MidTown飯店。

城中市場跟周邊區域是臺灣現代化的發生地跟縮影，有太多故事可以說，除了新高堂跟西尾商店，還有紀念昭和天皇即位而建築的中山堂，以及俄式的明星咖啡館，林懷民、白先勇、吳念真等眾多藝文人士都是在這裡開始他們無窮盡的創作，蔣方良女士鍾愛明星咖啡館的俄羅斯軟糖跟糕點，總統府也在市場附近。

就連城中市場的小吃聚集區，重慶南路一段46巷，這個跨街樓的孔洞小巷也是百年前通往巡撫衙門跟東本願寺的便道，巷口的郵局本是新高旅館，是當時街區建築的亮點。如今旅館已經不在，但是便道內屬於庶民的小吃跟市場依舊人潮絡繹不絕，這一變化，正是「貼近人民」才是王道的最佳演繹。

相機街
漢口街
漢口街
延平南路
漢口街一段80巷
城中老牌
牛肉拉麵
大王
漢口街一段68巷
成都抄手麵食
城中伯
豆花
無名
魷魚羹
郵局
（原新高旅館）
武昌街一段
武昌街一段
無招牌
手作麻糬
延平南路
博愛路
城中市場
重慶南路
襄陽路
中山堂
永綏街
沅陵街
祇園辻利茶鋪
西尾商店
228和平公園
衡陽路
衡陽路
東方大樓
（新高堂）

周邊景點介紹

228和平公園

原名臺北公園，後更名為臺北新公園。於1899年開始興建，直到1908年才初步落成，是臺灣第一個承襲歐洲風格的近代都市公園。

1947年，228事件爆發，當日有眾多憤怒群眾衝入設立於公園內的臺灣廣播公司，對外播音，表達控訴，之後，當時臺灣省行政長官公署的行政長官陳儀也多次藉由該電台的廣播向民眾喊話，此一相關性，是為1996年公園改名之來由。1996年，新公園正式改名為228和平公園。

相機街

泛指博愛路、漢口街交叉口，一路延伸至北門一帶，俗稱「博漢區」。因聚集了眾多照相器材行，全盛時期最多有超過四十家攝影器材店，是全臺灣相關設備店家開立最為密集之處，因而得名。

Pioneer
SONY
Accuphase

中山堂

落成於1936年，出自日本知名建築家井手薰之手，原名為臺北公會堂，以紀念昭和天皇登基之名而建。「公會堂」乃是日本專為都市舉辦集會活動所設計的公共建築，臺北公會堂為當時第四大公會堂。1945年起改名為中山堂，2019年升格為國定古蹟，至今仍是臺北演藝界重要的表演場所。

城中無名魷魚羹

無名就是它的名
不要小看辣油的威力

臺北市中正區武昌街19號旁的巷子進去

11:00～20:00，週日11:00～14:30、17:00～20:00

綜合羹湯65元

55
65
NO

城中無名大概已經變成這家店的店名了。總是高朋滿座的小小店面彷彿在告訴你，我可是城中市場最受歡迎的食肆。

魷魚羹店賣魷魚羹、生魷魚跟魚酥羹，我點的綜合羹湯就包含這三種主食材。羹湯勾芡不厚，柴魚湯底的魚甜香加上炸紅蔥的油香氣，可以想像的好味道，調味不會太鹹，是清爽不膩口的羹湯。

魷魚羹，魚漿咬起來很有嚼勁，感覺就是很實在，包在裡面的魷魚很有味道，是我喜歡的魷魚羹。生魷魚很脆口，外面的魷魚皮味道很香，魷魚中間的肉水分飽滿，但是少了些海味，魷魚的野鮮感被打折了。魚酥魚香味道十足，泡湯之後不會軟爛，保有彈韌口感。

成都抄手麵食

紅油美味太久沒吃會懷念
可買辣油回家自己調味

臺北市中正區重慶南路一段46巷3號　02-23881905　10:00～19:30，週日公休
紅油炒手45元／酸辣炒手45元／擔擔麵40元

成都抄手．麵食

會吃這家店，單純是因為店名，很久沒有看到專賣炒手的店家。這家營業二十幾年的四川麵店，老闆娘的口音聽起來很像四川人。

我點了紅油抄手跟酸辣炒手，這兩種炒手的差異只在酸度不同而已，紅油抄手麻中帶酸，酸辣炒手酸中帶辣。不放在一起比較，大概也分不出來。紅油醬汁的花椒跟乾辣椒香氣十足，配上烏醋，麻辣中的酸香帶來一些甘甜後味，更接近傳統四川調味，而不是現今麻辣燙的滋味。

炒手的麵皮厚實，不像一般餛飩皮煮了就偏軟綿，雙手捏壓讓炒手又更緊密，吃起來有點像大塊麵疙瘩，中間一點鹹肉末點綴，增加肉鹹香。

老闆推薦擔擔麵，濃厚的花生醬油甜香跟紅油醬汁麻口香，這兩者的搭配本來就很美味了，鹹辣跟堅果甜味，整體調味得宜，是好吃的傳統擔擔麵，而且一碗才四十元，在臺北市中心，哪裡找得到。

城中伯豆花

被水果攤團團包圍
豆花在舌尖上跳舞

臺北市中正區武昌街一段21號巷子內第二間　0936-138583
08:00～18:00，無特定公休　豆花加兩種料40元

城中豆花伯50年老店
冰
熱
九份芋圓加二種40元
豆花加二種40元
本店堅持使用非基因改造黃豆
海石花凍40元

賣了快六十年的豆花攤，擠在眾多水果攤當中，顯得特別樸實。小攤子賣豆花跟芋圓，可以選擇兩樣配料，我去的當天有八、九種配料可以挑選。

這次我點了豆花加花生跟粉圓，豆花滑嫩是必然的，但吃起來很有空氣感，就是豆花在嘴裡化開的同時，會感覺許多小氣泡在嘴裡跳動，氣泡消失後，變成豆漿的蛋白質顆粒沙沙地散落在舌頭上，豆香味十足。滿有趣的。

花生煮得很軟但不爛，需要稍微咀嚼一下，我喜歡這種花生；粉圓就是中規中矩的好吃；蔗糖水味道很濃，還有蜜糖味道，應該是有稍微熬煮過的蔗糖水，我覺得夠甜，配豆花很好。

老闆看我吃得起勁，送了一湯匙芋圓讓我嚐嚐味道。芋圓真的好吃，一口咬下，有濃濃的芋頭香味持續釋出。

相比我之前吃過的專一豆花，專一豆花的豆香味更濃郁一些，但是豆花伯的空氣感豆花讓我覺得有趣。

城中老牌
牛肉拉麵大王

#重口味的人應該很愛
#麻辣酸鹹的多重風味

臺北市中正區重慶南路一段46巷7號　02-23815604　09:30～20:00，無特定公休
牛肉拉麵（小）150元/麻辣麵（小）65元/水餃每粒6元

五福臨門

不知道剛開業的時候，店名是不是就叫作「老牌牛肉麵」，如果是，那就有點賊了。但現在確實是老牌了，已經開業四十年，老闆還是同一位。

他們的牛肉麵口味很特別，紅燒湯頭微辣，且有著甜麵醬的米甜味，鹹辣甜中吃得出濃濃的牛油香，跟市面上常見的豆瓣紅燒或醬油紅燒牛肉湯很不同。帶有醬油香氣跟鹹香味的牛肉保有咬勁，咀嚼起來卻又輕鬆不費勁。麵體是手工拉麵，不規則形狀的麵身有彈性，兼具吸附湯汁的能力，光吃麵也能吃進牛肉湯的味道。

老闆極力推薦的麻辣麵也很對我的味。麻辣麵不是現代的麻辣燙口味，而是油辣混醋的酸辣口味。自己炒的花椒油跟辣椒油佐以少許牛肉湯，再加上米醋，鹹辣油麻香先在嘴裡散開，舌頭麻跟鹹味稍微淡去之後，米醋的酸勁會隨之衝擊味覺，醋香跟甘甜味把嘴裡的油鹹一掃而空，變得清爽。是能一次滿足味蕾的多重感受。他們的酸辣味道處理得頗為溫順的，很容易入口。

水餃是韭黃口味，手工的餃子皮頗厚實，很有咀嚼感。我當天吃的水餃可能煮得不夠久，水餃皮還有一點點硬硬的心，內餡也不夠多汁，頗可惜。不然內餡的調味其實很不錯，韭黃甜香可口。

這家的湯麵都有一層厚厚的油，可以增加濃醇味，但吃起來也稍微油膩一些。

城中無招牌
手作麻糬

手作手作手不停作
有人跑好幾次都買不到

臺北市中正區武昌街一段31號附近騎樓　10:00～賣完為止，週日公休
一顆10元

這個麻糬小攤子在天心中醫診所外面的騎樓下。我在拍攝城中豆花伯的時候，有一位熱心的網友特別買給我試吃，我才認識這間麻糬攤，不然通常甜食攤我走過一定會錯過。

攤子的女老闆很忙碌，熟練地拔一塊麻糬、包餡、沾粉、裝盒。即便馬不停蹄地做，攤子上能買到的麻糬數量也是有限，因為一直有人來買。依照這個速度，我想不出三、四個小時，當天的麻糬應該也就賣完了。

我吃了兩種口味，花生粉加花生餡，還有芝麻粉加芝麻餡，攤家另外還有紅豆跟綠豆餡，但麻糬外面都是裹花生粉。

他們的麻糬本身已經有淡淡甜味，口感很細緻，不會吃到米澀味跟細小的顆粒感，口感軟彈，完全不黏牙，可以很放心地咬下斷開，任由麻糬在嘴裡活蹦亂跳。內餡是粉狀，不是泥狀，餡料是顆粒比較大一點的花生粉跟芝麻粉混著一些砂糖。

芝麻麻糬，咬下去瞬間，嘴巴會被芝麻糖粉內餡給塞滿，記得吃小口一點，不然會嗆到。隨之而來的芝麻香濃味道在嘴巴散開，甜度剛剛好的內餡完全不會膩口，不像濕軟芝麻餡，有時會太油太甜。花生麻糬又是另外一種風味，因為花生內餡的顆粒較大一點，剛咬下去會覺得滿口堅果跟砂糖的油甜香，但是咀嚼過後，碎花生香味持續釋放出來，越咬越香。

我個人喜歡這種粉狀內餡的手作麻糬。

永樂布業商場

郵局

迪化街商圈
迪化店
2550-9785

DADAOCHENG

永樂市場

賣布比賣菜還多的市場

北門站：松山新店線 G13

台北霞海城隍廟
渡海200年
豬肉乾 通通一斤 320

想體驗臺北過年前最熱鬧的慶典，非得去迪化街年貨大街走一趟不可，大約五百公尺長的街上，塞滿各種過年應景的零食、點心、糕餅、南北貨攤販，高掛的紅燈籠、水洩不通的人潮，還有無盡的試吃，把過年該有的熱鬧跟人情味推到最高點。雖然人潮眾多，但滿建議大家過年前可以來走一趟，補充一下過年氣氛。

永樂市場就位在年貨大街上，是臺北第三座公辦現代化市場，所在位置原本是一座花園，1908年設立至今，在當時是臺北最大的市場。這座超過百年的市場靠近大稻埕碼頭，百年前日本進口的印花布就近在碼頭附近的市場周邊銷售，在那個年代，一般人多是買布自己裁作衣服，買布的需求帶動永樂市場從菜市場轉變為臺北最大的布料批發市場。

講到大稻埕，一定得提到「頂

林振源有限公司
日本紅帽子

百安堂

小藝埕
MEFUN

下郊拚」這個臺北開發史上最重要的打群架械鬥事件。早期來到臺北的泉州移民，從無到有建立了艋舺這個商業重鎮。住在艋舺的泉州人以三邑人、安溪人跟同安人為主，三邑人跟同安人因為種種因素互看不爽，雙方就在1853年大打出手，三邑人人多，把同安人打跑，並且燒毀他們的街里。艋舺的同安人只好前去投靠大龍峒的同安人，但是大龍峒同安人因為跟艋舺的商會有固定交易，甚至結親，所以不方便完全接納被艋舺三邑人趕出來的同安人，這群艋舺同安人在林右藻的領導下轉往大稻埕，嘗試自找出路，重新出發，這段過往使得大稻埕人比較開放，願意接納、嘗試各種機會，而艋舺在械鬥完後元氣大傷，加之河港淤積，讓大稻埕成為晚近的商業重鎮。

來到永樂市場，當然要逛一下迪化街，除了古早南北貨可供挑選，還有老屋新用，像是屈臣氏大藥房跟各種藝埕。頂下郊拚時被搶救出來的城隍爺鎮守在霞海城隍廟，但講到霞海城隍廟，更熱門的恐怕是向月下老人求姻緣。當初領著同安人開發大稻埕的林右藻所建立的林復振商號還在迪化街上，是日本紅帽子喜餅的臺灣代理商。

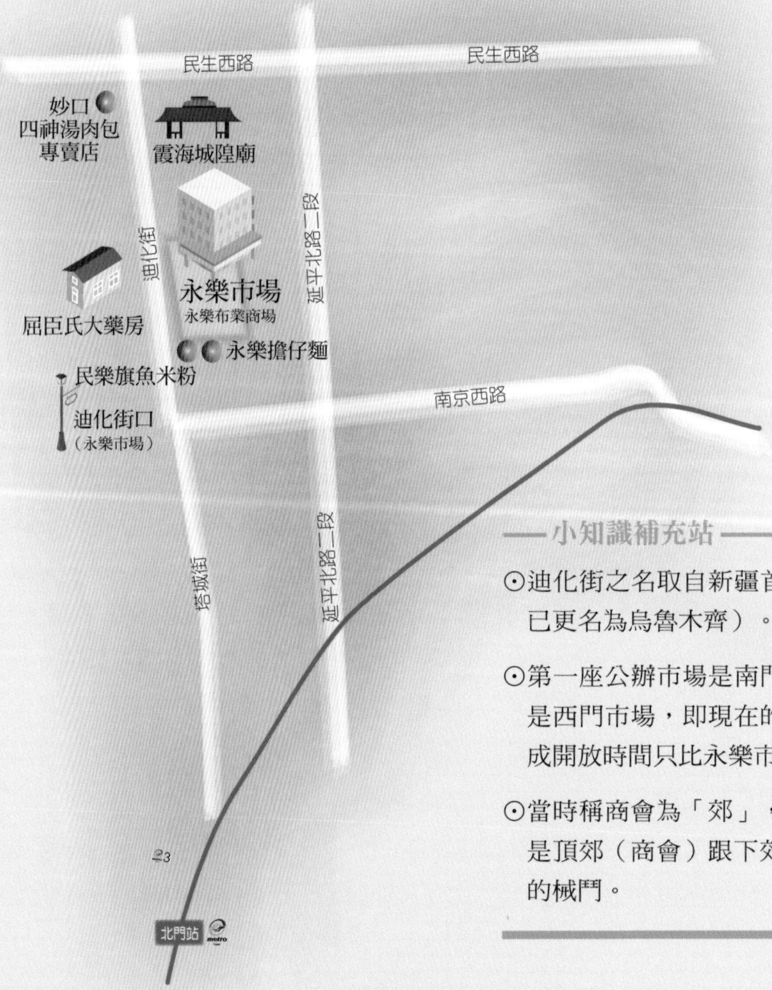

民生西路
民生西路
妙口
四神湯肉包
專賣店
霞海城隍廟
迪化街
延平北路二段
永樂市場
永樂布業商場
屈臣氏大藥房
永樂擔仔麵
民樂旗魚米粉
迪化街口
（永樂市場）
南京西路
塔城街
延平北路二段
北門站

小知識補充站

⊙迪化街之名取自新疆首府迪化市（現已更名為烏魯木齊）。

⊙第一座公辦市場是南門市場，第二座是西門市場，即現在的西門紅樓，落成開放時間只比永樂市場早一個月。

⊙當時稱商會為「郊」，頂下郊拚，就是頂郊（商會）跟下郊（商會）之間的械鬥。

周邊景點介紹

林復振商店

為林復振有限公司的簡稱，是從清朝經營至今的百年老店。咸豐年間，頂下郊拚事件後，下郊領袖林右藻帶領同安人撤退到大稻埕，建立復振、復源、復興三家商號。後來因為林家後代多轉往教育界發展，並搬遷至其他地區，僅剩林復振一家商號持續經營至今，販售南北乾貨，並有西式喜餅的訂購服務。

霞海城隍廟

台北霞海城隍廟

由頂下郊拚後，遷移至此的同安人所建立。和大稻埕慈聖宮、臺北法主公廟並列為大稻埕三大廟宇。供奉城隍老爺、城隍夫人、月下老人。其中，為城隍爺分擔撮合姻緣事務的月下老人「人氣」始終居高不下。

迪化街

位於大稻埕，初建於1850年代，一直以來，是為臺北南北貨、中藥材、茶葉、布匹的重要集散中心。自19世紀到20世紀中期，臺北的商業發展興旺與否，可謂與迪化街息息相關。

1973年起，臺北市政府與迪化街的大部分地主就迪化商圈的更新計畫進行研擬，卻也引發各界是否該保存此一歷史街區的爭議，最後決定保留迪化街街道原貌，也優先保存七十七棟歷史性建築物，成為臺北市保留最完整的老街。而因為此一古蹟保存計畫所帶來的商機，也讓逐漸沒落的迪化街商圈稍有復甦，每年農曆春節前夕的「臺北年貨大街」也成為民眾採買年貨的重要地點。

福來許
02-2555-5843

丸隆生魚行

#生魚片種類視當天漁獲而定
#內用才有機會免費暢飲味噌

臺北市大同區迪化街一段21號（永樂市場一樓內） 02-25565276
09:00～15:00，週一公休 生魚握壽司8貫200元 / 紅蝦2尾100元 / 鮑魚200元 / 花壽司200元

丸隆生魚行
25565276
味噌湯外帶
加魚肉50元
每週一休市
營業時間
9:00～15:00
魚腹生魚片 (7片) 400元
綜合生魚片 (12片) 300元
生魚握壽司 (8個) 200元
鮭魚卵壽司 (1個) 120元
明蝦沙拉 (1尾) 350元
海膽壽司 (1個) 150元
酪梨壽司 (1份) 100元
花壽司 (1份) 200元
鰭邊肉 (2片) 100元
鱈魚肝 (1份) 120元
生干貝 150元
秋刀魚 80元
香魚 180元
鮑魚 200元
紅蝦 (2尾) 100元
每人店內消費200元味噌湯免費暢飲

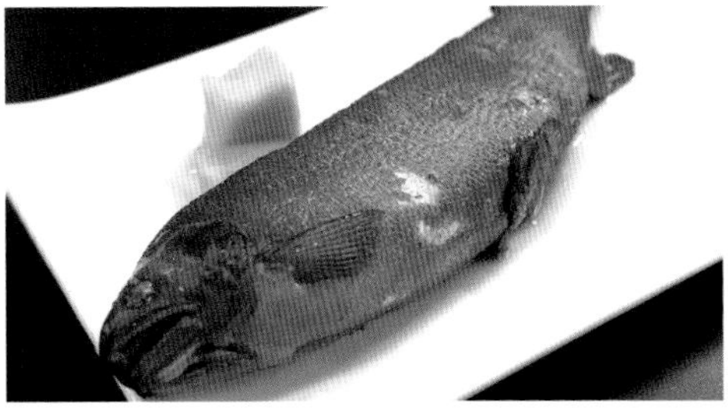

丸隆生魚行是永樂市場內的日本料理店，將菜市場中的生鮮攤位直接改成壽司料理台，簡單卻力道強勁地宣告這裡的食材為市場直出，新鮮不言而喻。

上網搜尋丸隆生魚行，看到的應該都是握壽司跟免費的味噌湯。但我個人認為他們的佃煮香魚，是被主食握壽司耽誤的美食。魚肉燉得軟嫩，魚骨頭煮到酥綿，整隻魚都可以毫不費力地吃完，連香魚的尾巴都輕易地在嘴裡散化開。

推薦大家一定要品嚐佃煮香魚，當然握壽司跟味噌湯也不能錯過。

握壽司看起來平實，沒有華麗裝飾，但是味道濃厚，用料實在，價格也好親民。相比目前市面很多適合IG打卡用的握壽司，這裡的味道真的好吃太多了。

生紅蝦味道鮮甜，還排成愛心形狀，新鮮好吃。

如果用餐費用超過兩百元，味噌湯是免費，料好實在，是日本風味單喝頗鹹的那種味噌湯，但配上比較清爽的壽司，我個人覺得這樣的鹹度剛好。

民樂旗魚米粉湯

在地人的臺式早午餐
不能續湯小殘念

臺北市大同區民樂街3號　0933-870901　06:00～13:00，無特定公休
旗魚米粉（小）35元/紅燒肉（小）50元/酥炸鮮蚵50元

民樂旗魚米粉湯
營業時間
早上6:00~中午12:30
大碗 60 元
小碗 35 元
炸魷魚
炸蚵仔
炸蝦仁
炸紅燒肉
炸甜不辣
炸豆腐

民樂旗魚米粉湯從日治時期賣到現在，已經超過六十年，早上六點就開始營業，當然不是為了賣給觀光客，這是大稻埕在地人吃粗飽長力氣的早餐。

旗魚米粉湯使用的是細米粉，又稱炊粉，米粉煮得很透，不太需要咀嚼就在嘴裡斷開，旗魚肉丁的量不少，韭菜的辛辣香為海味湯底增加一點草本芬芳，畫龍點睛。整碗味道溫順，不會有過重的海鮮味，暖胃舒服。

紅燒肉有高級日式炸豬排的口感，配上紅糟酥炸外皮，五香鹹氣十足，柔軟多汁，配上溫順的米粉湯剛剛好。或許這是被米粉之名耽誤的紅燒肉吧。

炸蚵仔，我吃的時候有點涼，可能是炸好放著等客人點。雖然完全沒有腥味，裹粉調味適中，但外皮有點油韌，稍微可惜。

顏記杏仁露

\# 內用一人低消一碗
\# 香老闆認證「甜」湯無誤

臺北市大同區迪化街一段21號1樓1204室（永樂市場外側） 0916-838987
09:30～18:30，週一公休 杏仁露40元／綠豆露50元

歡迎外帶
加牛奶10元
紅豆+綠豆60
杏仁+紅豆50
杏仁+綠豆50
紅豆露50
綠豆露50
杏仁露40
冰
請先付款
本店因座位有限 每人進場入座 最低消費一碗 謝謝合作
綠豆露50
杏仁露40
紅豆露50
外帶紙杯恕不回收
內用紙杯加5元
GOLD LEAF

杏仁露，依照字面意思，應該是杏仁的液體製品，但顏記杏仁露賣的卻是彈牙的杏仁豆腐，不賣杏仁茶。在永樂市場擺攤超過三十年的顏記杏仁露，小小的攤車層層疊疊，擺滿了裝著杏仁跟洋菜凍的冰涼古樸土瓷碗。保持傳統的涼水攤，在熱鬧的街市中反而特別明顯。

杏仁露不似一般的杏仁豆腐咬下會碎開，多了點軟滑彈牙，稍微有一點點咬勁，杏仁味道溫和不會太嗆。帶有微微焦香味道的蔗糖水不會過甜，杏仁露上桌時覆蓋著厚厚的細碎冰角，夏天來一碗，身心靈都舒暢。

綠豆露中間有一塊透明的洋菜凍，但多了些蒟蒻的口感，彈牙、有些微嚼勁。綠豆湯濃稠，綠豆熬煮得軟綿順口，但是嚐起來非常甜，對我這種比較不懂品嚐甜味的人，有點過頭。

永樂擔仔麵

出現在日劇中
大口快吃跟湯汁搶速度

臺北市大同區南京西路233巷20號　02-25562736
11:30～20:00，無特定公休　五郎特餐雞肉飯便當90元

在永樂市場錄製香老闆影片時，碰到熱情的觀眾，他們特別推薦了這間小吃店。

永樂擔仔麵就在民樂旗魚米粉湯店隔壁，因為五郎來吃過這間店而受到推薦。五郎指的當然不是柯南的叔叔毛利小五郎，而是日劇《孤獨的美食家》井之頭五郎。《孤獨的美食家》曾在此拍攝，當時五郎吃的雞肉飯便當，現在也暱稱五郎套餐。

五郎套餐包括一碗雞肉飯跟配菜盤，雞肉飯的雞肉絲有一點乾，飯上澆淋的湯汁頗多，雞肉味清爽鹹香，配上微乾的雞肉絲，反而有種微妙的平衡，每顆米粒都裹上飄著雞油香氣的滷雞肉湯汁，要吃快一點，否則米粒被泡到軟黏，那就不是雞肉飯了。

配餐盤的嘴邊肉完全沒有豬腥味，煮得軟嫩有彈性，因為是厚切，咬起來很是過癮。滷白菜不過爛，保留菜纖維的咀嚼感，滷蛋白稍微乾硬了些，但是醬香味十足。

這間店早晚身分不太一樣，一大清早來會看到永樂清粥小菜的招牌，中午之後店名就變成永樂擔仔麵，銷售的品項很不一樣。我有一次早去，真以為擔仔麵不做了，殊不知是會變臉的小吃攤，至於誰才是本尊，別問了。

妙口四神湯
肉包專賣

是妙口不是廟口
週末喝不到四神湯

臺北市大同區民生西路388號 0970-135007 11:30～17:00，週一公休
肉包25元／四神湯65元

特大150
肉包
肉包一粒20元 請先付款
一粒20元
買十送一
華泰銀行
HWATAI BANK
金絲燕
鹿茸

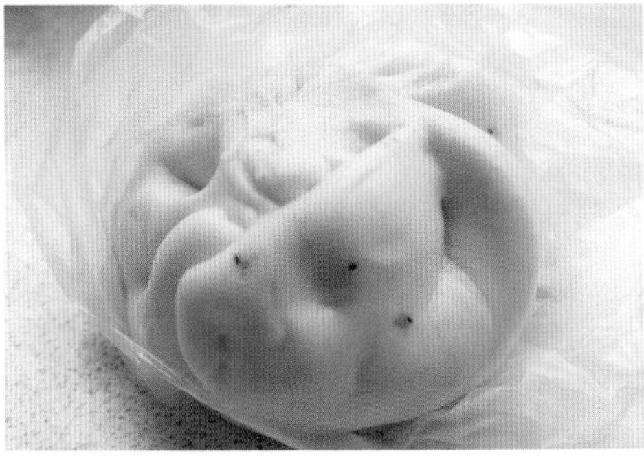

1973年開業的妙口四神湯肉包，在彰化銀行門口的騎樓下擺攤，只有兩三個座位。

四神湯不是一般常見的白濁色澤，而是呈紅褐色，這是因為使用紅蓮子，也就是保留種皮的白蓮子，經過長時間熬煮所致。四神湯料真的很多，整碗湯濃稠，有藥燉排骨的溫潤乾草藥香氣，小腸煮得透爛，吃起來軟滑暖胃。真的濃郁好喝，愛喝四神湯的人不能錯過。四神湯週末不賣，大家要注意時間。

包子只賣一種口味，內餡是黑胡椒洋蔥豬肉，喜歡吃熱炒店的朋友對這種搭配應該不陌生。包子皮軟鬆，內餡的甜鹹跟肉脂香氣十足，活脫就是黑胡椒豬柳夾饅頭，或許老闆的創意也是這樣被啟發的。這個組合我喜歡。

臺北捷運 / metro taipei

板南線

龍山寺 BL 10

板南線的代表色號為藍色，是臺北捷運路網中的首條東西向路線，連結板橋、臺北、南港三座三鐵共構車站，運量為全路網最大。

沿線主要停靠站有：臺北車站、市政府、板橋、府中、龍山寺、南港展覽館等。

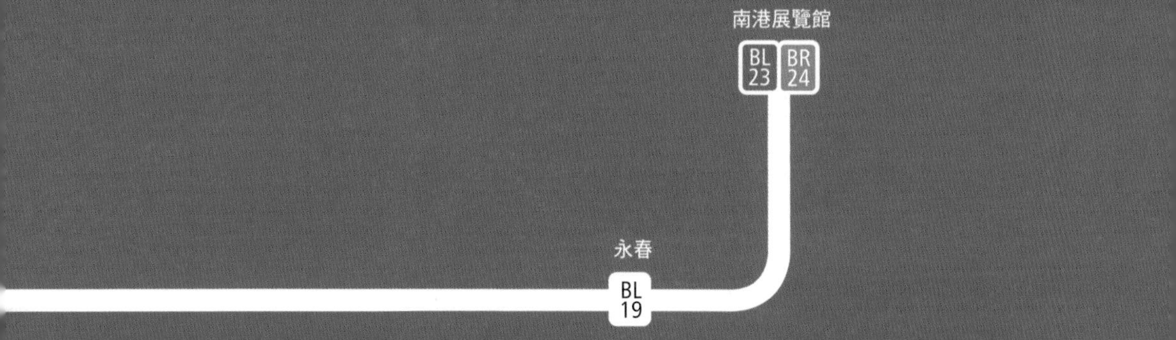
南港展覽館
BL 23
BR 24
永春
BL 19

BL10－新富市場
BL19－永春市場

新富市場
東三水街市場
鑫得壽司
SUSHI

場
阿婆油飯
阿婆油飯
天下第一
市場/阿婆油飯

新富市場

文青與庶民完美共存的百年市場

龍山寺站：板南線BL10

源味香
食品
國民
雞鴨行

新富市場是由三個市場相連所組成，分別是東三水街市場、新富市場以及新富町文化市場，藏身在龍山寺跟剝皮寮對面的巷子中。

1935年開始營業的新富市場，是日治時期臺北建造的九座現代化公有市場之一，也是臺北僅存的三座原生公有市場建築。馬蹄形的新式菜市場動線流暢，在近百年前就有磚造公共廁所，代表新富市場的先進跟高標準的衛生環境，不僅吸引臺日家庭主婦在明亮乾淨衛生的市場中購買食材、日用品，也引來流動私營攤販在市場周邊聚集。因為私營攤販堵在正牌市場之外，能搶在前頭招攬顧客，加上不用繳稅繳房租，商品販售價格可以更便宜，因此嚴重擠壓新富市場內合法攤商的生意。

1986年，政府決定就地合法這些外圍攤商，再也不用擔心被取締的攤商成為擋在新富市場大門口的

東三水街攤販集中場，這也間接宣告了新富市場的終結，現在的新富市場攤商散布在三水街的巷道中，原本的建築本體改為新富町文化市場，不賣雞鴨魚肉，轉型為菜市場中的文創基地。坐在新富町文化市場的咖啡館中，聞著熱咖啡濃醇香氣，看著大片落地窗外、三水街市場中忙碌的攤販，現實生活跟精神昇華的碰撞，讓人頗為享受這衝突感。新富三水街市場也是目前我逛過最舒服的戶外街道攤商集中市場之一，沒有濕濕的地板跟亂丟的菜葉，整齊乾淨明亮。

與新富市場相隔一條街廓的剝皮寮，是臺北市碩果僅存的清代老街，最初是靠著木炭產業發跡而蓋的磚造洋樓群。剝皮寮跟緊鄰的老松國小這一區域，在咸豐3年（西元1853年）之前是「下郊」同安人居住的八甲庄，跟「頂郊」三邑人活動的龍山寺區域之間有兩片大沼澤，當地人稱蓮花池（現在的康定路跟西昌街之間）。清末最狂械鬥「頂下郊拚」發生時（頂下郊拚內容可參考「永樂市場」一章），頂郊三邑人順著沼澤南邊進攻，在堅固的磚造樓房剝皮寮市街外被強力阻擋，後來自蓮花池的北邊縱火燒毀了擋在進攻要道上的安溪人清水祖師廟，才順利攻進八甲庄，把同安人趕走並且徹底燒毀八甲庄，也讓艋舺的發展開始走下坡。明明是同縣人，為什麼還要互相惡鬥？自傷家園，什麼好處都沒沾到。許多人至今還是無法記取這個教訓，少製造對立，有空多讀歷史吧！

我特別喜歡在新富市場中感受到的人情味，還有老艋舺的生活方式，在新富市場早餐吃咖哩飯配小菜，店家會朝著每一位經過的長者們熱情招呼，攤位彼此間的交流，在在令人感受到他們希望新富市場更好的遠景。

龍山寺
廣州街209巷
康定路
康定路173號
剝皮寮歷史街區
艋舺螺螄粉
桂林米粉
剝皮寮
廣州街
廣州街
阿偉咖哩飯
三水街市場
金禾壽司
三水街
鹹蜆蛤專賣店
艋舺公園
和平西路三段109巷
康定路
新富町文化市場
舊市場建築
metro
龍山寺

周邊景點介紹

剝皮寮

位於臺北市萬華區康定路173巷，是臺北市今日碩果僅存的清代街道之一，2010年經臺北市政府公告登錄為歷史建築。1763年（乾隆28年），「北皮寮街」的名稱便出現在艋舺地契中，據此推估剝皮寮聚落成形於清代早期，至今已有兩百多年。剝皮寮的名稱來源眾說紛紜，流轉最廣的有剝樹皮、剝獸皮，以及發音類似「北皮」三種說法。

艋舺清水巖祖師廟

直轄市定古蹟，俗稱艋舺祖師廟，與艋舺龍山寺、大龍峒保安宮合稱為「臺北三大廟門」。早期開發時，安溪移民為臺北盆地周圍的主要開拓者，安溪人的守護神為清水祖師，因此大臺北地區有許多祖師廟，艋舺清水巖為其中最具歷史特色的一座廟宇。

龍山寺

國定古蹟，於1738年，由清朝時臺北城三邑人合資興建，迎請福建省晉江縣安海龍山寺觀世音菩薩分靈來臺。歷經因1815年大地震、1867年暴雨侵襲、民初時白蟻蟲蛀、二戰空襲摧殘等多次重修，1985年公告為國家保護之二級古蹟，與國立故宮博物院、中正紀念堂並列為國際觀光客來臺旅遊的三大名勝。

小知識補充站

臺北僅存的三座日治時期的公有市場原建築為：西門市場（現在的西門紅樓）、松山市場跟新富市場。相比早二十幾年完工的前兩座市場，可以看出新富市場的先進程度還有環境衛生的飛躍進步。

阿偉咖哩飯

#誰說咖哩飯不能當早餐
#吃得出體貼的人情味

臺北市萬華區廣州街92巷2號　02-23084311　05:30～13:30，週一公休
咖哩飯（小）60元

創立於1991年
正 阿偉 宗
台灣古早味
營業時間：早上8點～下午2點
清粥小菜
咖哩飯 大70 小60
滷肉飯
外帶便當
黑白切
味噌湯
蘿蔔湯(冬)
竹筍湯(夏)
謝謝配合

現在臺灣的早餐真的好無趣，各種西式早餐大同小異，連中式早餐也只有燒餅油條豆漿之流。但其實古早臺式早餐種類豐富多元，爌肉飯、麵點、蚵仔料理等等，不勝枚舉，真的有意思多了，可惜越來越少見。

阿偉咖哩飯也是古早味早餐選擇之一。咖哩微微的辣度跟臺式咖哩特有的甜香，攪拌著熱氣蒸騰的軟鬆白飯，很搭，早上吃咖哩飯真的很醒腦，馬鈴薯、紅蘿蔔都煮得很透，香甜味也都融入咖哩中。

各種小菜味道也都很不錯，糯米椒豆豉味香鹹，丁香魚蒜蔥鹹香都煮進魚肉中，高麗菜軟爛有味道，這些料理都刻意煮得更軟嫩一些，是為了讓日益變多的年長客人也可以安心享用，是不是非常有人情味的攤子？

推薦各位來這裡感受一下傳統的人情味囉。

大豐魚丸

不含防腐劑跟人工添加物
琳瑯滿目每樣都想買

臺北市萬華區三水街62號　02-23060532　08:00～14:30，週一公休
蝦捲、海苔捲、炸雞、排骨酥各一份時價180元

DA FOND FISHBALL SINCE 1957
大
DA FOND FISHBALL
艋甲大豐
艋甲大豐
DA
FOND
FISHBALL

去三水街市場當天，大豐魚丸的老闆正在跟別人討論如何讓三水街市場更加活絡，不但用心經營自己的攤子，也很關心市場。

大豐魚丸店本來在基隆營業，1957年時搬遷至東三水街臨時攤販集中場，是經營已經超過一甲子的老店，賣的是純魚漿製品跟火鍋料，全部都是手工現做現賣，去晚了，就買不到新鮮的魚丸。

大豐魚丸另外有一區專賣炸物品項，炸物可以現買現吃，買完之後請老闆幫你再炸熱一次，然後撒上胡椒鹽，炸物新鮮味道好，完勝大部分我吃過的鹽酥雞攤。

蝦捲外層的豆皮炸得好香酥，內餡真的有蝦子，而且味道很好呢。

海苔捲基本上就是包著海苔的龍鳳腿，多了海苔的海草香氣，味道更有趣。

炸雞就好像比較大塊的鹽酥雞，帶有檸檬的酸香氣，軟嫩好吃。

排骨酥則有如豬肉版本的鹽酥雞，不像外面的排骨酥，總是炸得肉很硬，要煮很長一段時間才能吃。他們的排骨酥軟嫩好吃，炸香味十足。

金禾壽司

備有盒裝外帶不用等
CP值高的平價壽司

臺北市萬華區三水街99號　02-23024727　06:00～15:00，週一公休
握壽司23號260元/花壽司組合70元

春
如意
吉祥
福

市場裡的金禾壽司真的很有日本橫町壽司店的氛圍，窄窄的店面料台就佔了快一半的空間，剩下的空間只能擺下幾張小桌子。這種緊湊的感覺，會加速吃飯的速度呢。

我點了一份六貫握壽司跟五色花壽司。六貫握壽司有很多不同等級，我點了最高等級的23號。干貝握壽司干貝甜味濃厚，干貝也夠大顆，不會太小、太薄；海膽軍艦捲，海膽鮮甜夠味，完全沒有腥味跟藻類的土味，加上小黃瓜，味道變得清爽舒服；甜蝦壽司的蝦肉脆口，帶有濃郁蝦甜味；鮭魚握壽司的鮭魚真的好長一片，可以完整吃到鮭魚身跟魚肚，魚肉的油脂好香濃，可以感覺到油脂包住每一顆飯粒，吃起來很過癮；鮪魚握壽司，鮪魚切成屋脊的三角形，鮪魚肉厚，但入口很快就化開，唯獨味道比較單調一些，加些醬油會更好吃。紅鮒握壽司魚肉扎實彈口清爽，但少了點個性。

花壽司有濃濃的柴魚香甜味道，加上小黃瓜脆口跟海帶的海洋香味，大口一咬，滿口豐郁滋味，叫人大呼過癮。

店門口有銷售盒裝外帶的壽司，看起來也都很美味可口呢。

鹹蜆蛤專賣店

通通裝在臉盆裡
茶葉是祕方

臺北市萬華區三水街（東三水街臨時攤販集中場東028號攤） 02-23366889
07:00～12:00，週一公休 論斤賣，現場問

三水街市最有趣的攤位之一，整個攤位只賣鹹蜆仔，而且一賣就賣了六十年，可以想像傳承下來的味道是多麼的有韻味。

我點了鹹蛤蜊，而不是鹹蜆仔，老闆說味道比較特別，量又少。鹹蛤蜊的肉質保留了多汁滑彈的口感，沒有因為醃過而變得乾扁軟爛。口味鹹甜辣適中，蒜香味十足，帶有一絲絲的檸檬香氣，更厲害的是，還是可以吃出蛤蜊本身的海甜味，並沒有被醬油的鹹味給掩蓋掉，我想這就是六十年老味道厲害的地方吧。

艋舺螺螄粉

具有酸辣鮮爽的特殊風味
處理得過與不及都不行

臺北市萬華區廣州街175號
02-23061636
11:00～21:00，無特定公休
豬肉豬腸螺螄粉120元

螺螄粉是貴州菜，用螺螄熬煮湯頭，螺螄是田螺的近親，所以湯頭會有一種淡水蝦貝類特有的藻土鮮味，是一種處理過頭就太腥，但做不到位就不香，聞起來不討好，吃起來鮮甜的味道，稍微有點挑戰感官衝突。

這家的螺螄粉湯頭處理得很好，沒有腥味，但是有河貝類的藻香甜味。若加入夠多的醋跟辣椒，可以提升湯頭甜味，還可以去土腥味。這種天然的鮮味食材，搭配牛肉或豬肉片，可以提升肉的甜香。

好像也滿難在萬華以外的地區吃到螺螄粉，若來到萬華，可別忘了去品嚐。

上晴

沙魚煙專賣
0916-362539

塩水

永春市場

臺北最大的黃昏市場

永春站：板南線 BL19

產品加工
南北貨

我在南港度過人生最無憂的國小跟最青澀的國中時光，爸媽為了給我們一家子小孩一個更適合成長的生活環境，從中華路舉家搬遷到當時還維持自然樣貌的南港，搭車過了五分埔後，眼前仍是大片的水田跟矮工廠，幾年之後饒河街夜市開張，五分埔從成衣加工區漸漸變為以成衣批發銷售為主，這一帶是我國中假日最常跟朋友廝混的地方。

永春公有市場位在舊五分埔區內的松山路上，一樓是菜市場，二樓週末會舉辦臺北唯一公有市場室內跳蚤市場。單單一棟永春市場，怎麼敢說是臺北最大黃昏市場？其實跟永春市場相連的虎林街跟周邊巷弄中也聚集了許多攤商，尤其是下午三點之後，除了賣食材的攤商，再加上數十家賣熟食的小販也開始做生意，有賣紅燒肉、炒菜、雞肉、包子、大餅，甚至素菜的，

服飾商圈
男装

松山車站
SONGSHAN STATION

哈林

一應俱全，方便上班族可以輕鬆地準備一桌晚飯。通常五點左右，人潮就會塞滿整條虎林街，在比較窄的區域，連走路都困難。

永春乃因泉州永春人聚居而得名；光復初期，臺北街道大多以中國縣市命名，虎林街一名來自位於黑龍江的虎林市；至於五分埔，源於清朝五戶人家跟平埔族買下的土地，知名度高的五分埔成衣商圈只是五分埔的一小角而已。

攤商聚集的虎林街則是五分埔最古老的街道，從清朝開始，直到光復初期，是這個區域主要，甚至是唯一的道路，北接錫口港，就是饒河街旁的基隆河段，南接四獸山山腳，從中間橫跨整個五分埔地區。日治時期在四獸山發現煤礦，開採煤礦的軌車道自然也沿著虎林街興建於此。後來臺北機廠的東宿舍興建，替人煙稀少的五分埔帶來第一批住客，警察宿舍、眷村跟收容中華路違建榮民的社區一個一個增建，還有由彰化人北上打拚的成衣聚落，人丁快速增加，單一座永春市場無法滿足外來客的生活需求，因此攤商開始在虎林街上聚集，形成現在的永春市場外市場。在我拜訪過的臺北市場中，永春市場銷售食品之多元，堪稱首屈一指，可能與在地族群的多元性有關係。

逛完永春黃昏市場之後，可以去隔一條馬路的五分埔商圈，感受當季的流行風潮，或在涼爽的夜風中漫步前往一公里外的饒河街觀光夜市，吃吃必比登推薦的眾多庶民美食，不想走太遠，可以考慮去林口街，也有不少小吃店可以選擇。

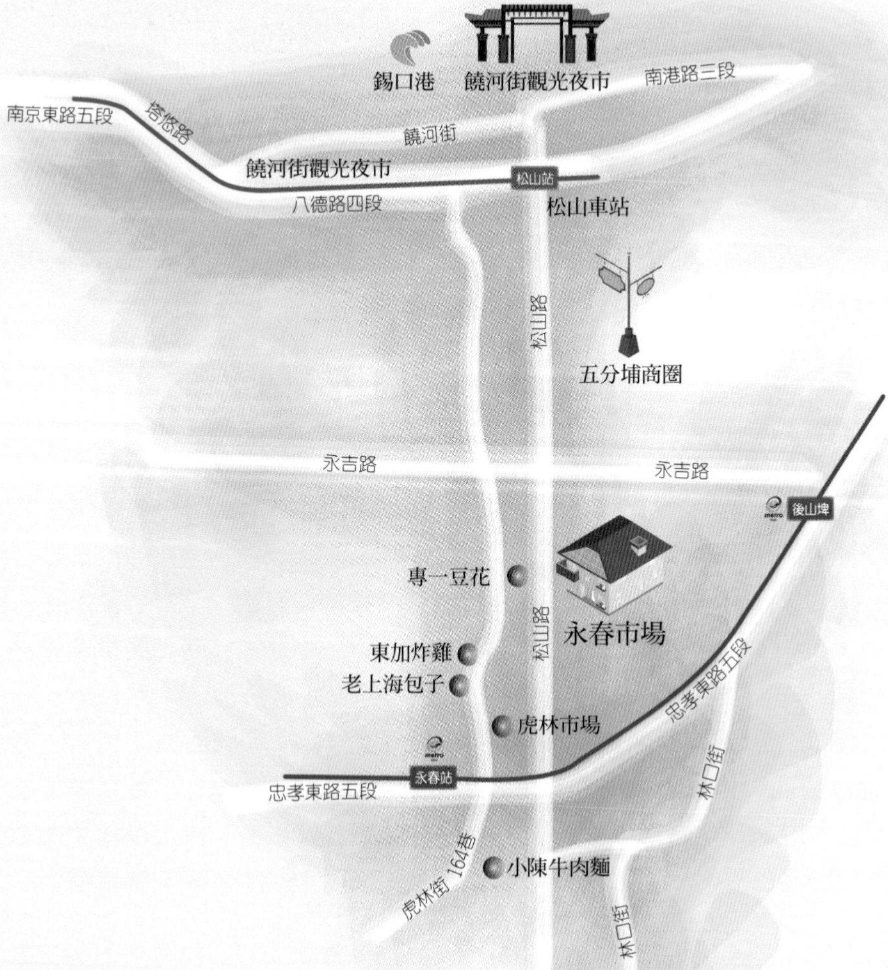

錫口港
饒河街觀光夜市
南港路三段
南京東路五段
塔悠路
饒河街
饒河街觀光夜市
松山站
八德路四段
松山車站
松山路
五分埔商圈
永吉路
永吉路
後山埤
專一豆花
永春市場
松山路
東加炸雞
老上海包子
忠孝東路五段
虎林市場
林口街
永春站
忠孝東路五段
虎林街164巷
小陳牛肉麵
林口街

五分埔成衣商圈

臺北最出名的成衣批發中心，位於松山火車站附近，集聚了數百家批發店。起初是群聚於五分埔的北漂民衆將外銷成衣所剩的零碎或滯銷布料，加工做成內衣褲、童裝、工作服等，於路邊攤或一般店面零售。如今貨源來自全省各地，甚至自香港、泰國、新加坡、韓國等地進口，因款式衆多、剪裁流行、價格親民，不僅有許多小盤商前來批貨，也有年輕人來此逛街購物。

饒河街觀光夜市

是臺灣繼華西街觀光夜市之後的第二座觀光夜市，其於撫遠街及松山火車站前的入口處皆設有一座牌樓，夜間時燈火輝煌。饒河街夜市全長六百公尺，除了小吃之外，各式日用百貨亦均有攤販、店家販售，也有民俗技藝表演及土產展售。

饒河街觀光夜市
Raohe St. Night Market
武大郎
胡椒餅

錫口港

乾隆年間，松山地區的舊名即為「錫口」，為平埔族語「河流彎曲處」之意。錫口渡口位在松河街四號水門處，繁華鼎盛時期，是松山地區錫口文化發展的起始港口，是南北通商、貨物集散的地方。

2009年底，鄰近彩虹橋、松山慈祐宮、饒河觀光夜市的錫口碼頭完成興建。

老上海包子

老麵發酵純手工做的
店門口有一堆蒸籠山

臺北市信義區虎林街108巷4號　02-27659155　10:00～12:00、15:00～19:00，週一公休
泡菜肉包22元／鮮肉包17元／酸菜包17元

鮮肉包 22元
高麗菜包 17元
韭菜包 17元
酸菜包 17元
豆沙包 17元
一律買十送一
雜糧饅頭
紅糖饅頭 12元
白饅頭 12元
紅茶 17元
營業時間 10:00~12:00 15:00~19:00
老上海
老上海
老上海
營業時間
10:00-12:00
15:00-19:00
(週一公休)
預訂提前一天

這間包子店的店名有點「微妙」，上海在南方，主食並不是麵食類。所以店名叫老上海包子，讓我在買的當下有點擔心買到的不是傳統包子。

才吃第一口就發現我白擔心了，這個有點結實跟彈性的包子皮，應該是用老麵發麵而成，味道除了蒸過的麵香之外，咀嚼一下子還會有一點點的果酸甘甜味道，是我期待的道地北方包子皮應該有的味道，不是加糖，也不是用快速發粉發酵的純真味道。

這次買了三種口味，鮮肉包、泡菜鮮肉包跟酸菜包。

鮮肉包有蔥香氣跟豬肉甜味，並經過適當的調味，內餡柔軟鹹香甜，重點是被扎實包子皮封住的湯汁，一口咬下，鮮肉湯汁四溢，比吃湯包還過癮。

泡菜鮮肉包用了蔥豬肉內餡，加上很多韓式泡菜，比起鮮肉包，多了蔬菜的脆口感跟濃濃的泡菜香，酸酸辣辣，愛吃韓式泡菜的人不應該錯過。

酸菜包的做法也很道地，酸菜炒大量肉末，包進包子中，酸菜的醃漬香氣、淡淡酸味和鹹味，混合了豬肉甜味，吃來很開胃。但比較可惜的是，酸菜包的內餡太甜，掩蓋了原來該有的鹹香酸氣。

小陳牛肉麵

#麵多肉大塊可以吃得很過癮
#牛肉麵最佳搭檔的酸菜也人人誇

臺北市信義區虎林街135號　11:00～14:00、17:00～20:00，週日、週一公休
牛肉麵（小）170元

其實小陳已經變爺爺了，牛肉麵店交由第二代經營，店面也從以前稍微雜亂的小矮房搬到現在明亮乾淨、座位多的新地點。

小陳牛肉麵的滷菜，不知道是滷汁清淡還是滷得淺，味道普通，雖然便宜，但是不吃也沒關係，不過牛肉麵卻是另外一回事了。

我吃了他們的清湯牛肉麵。湯底是牛骨清湯，牛骨的清甜味道很明顯，但是味道清而不淡。湯裡還加了一些紅燒牛油，微微的辣味讓湯頭更有層次，牛油的醇厚脂肪口感增加了清湯的濃度，好喝。

牛肉又多又厚又大塊，豆瓣醬香味十足，而且煮得非常軟嫩，雖然肉有將近一公分厚，但是輕輕一咬立刻斷開，一點都不柴，軟嫩順口，咀嚼起來毫不費力，好吃又過癮。麵體本身是拉麵口感，Q彈滑，配上他們的牛肉湯，堪稱天作之合。

好湯跟好牛肉，組合起來當然是一碗好吃的牛肉麵。

東加炸雞

#買炸雞腿先練手速
#小心雞汁噴出燙人

臺北市信義區虎林街108巷1號　0920-015023　15:30～19:30，無特定公休
炸雞腿40元/地瓜條30元/丸子一串20元

味獨特
每支 每塊 一份

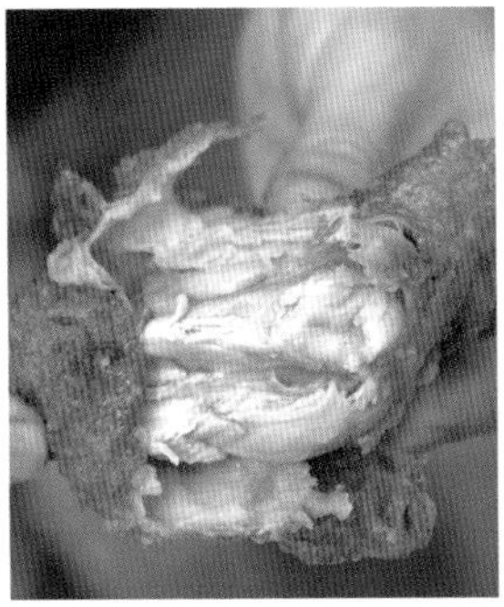

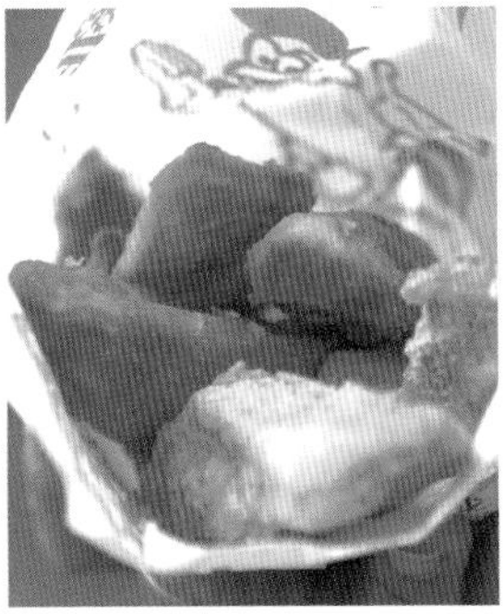

永春市場中，賣白斬雞、鹹水雞、油雞、燻雞的攤子繁不勝數，是不是五分埔人特別愛吃雞肉呢？這我不知道，但是賣熟雞肉攤子的數量絕對是我去過市場中的第一名。在市場的眾多雞肉攤中，好像只有一家賣炸雞。

東加炸雞用的不是一般圓形大鍋，而是兩個長方形的超大炸鍋，只見炸雞師父不停地把食材在兩鍋之間交換炸，應該是兩鍋油溫不同，盛炸物的篩子此起彼落，從沒停過手，炸雞不停地出爐，也不停地被經過的客人買走，從沒見到攤子上的炸雞變多。

東加炸雞沒有排隊的問題，攤子旁有空的夾子跟小盆子，別客氣，就拿起來挑選你想吃的炸物吧。

炸雞腿的醃料五香跟醬香足，但沒搶走雞肉甜味。香滑的肉汁、格外軟嫩的雞肉被包裹在酥脆鹹香的酥炸外皮中，張口咬下，薄薄的粉漿爽快地斷碎開來，高溫催出的肉汁立刻從咬開的地方溢流而出，其實用噴出更為貼切，過癮。

炸花枝丸跟薯條不如炸雞般火候，花枝丸外皮軟了一點，薯條心有點粉。

東加炸雞一天只賣四小時，要吃要趁早呢！

顏午許小吃

吃的喝的甜的都有
各色小吃都是自家做的

臺北市信義區松山路292號　0952-127459　10:00～18:00，週一公休
油飯40元 / 油粿40元 / 四神湯55元

永春市場外圍的顏午許小吃是開業賣了四十幾年的老攤，現任的店主夫妻已經是第二代，退休後接了媽媽的攤子繼續賣美味小吃。

這小攤子是我的最愛小吃嘉年華，甜不辣、油飯、肉圓、油粿、四神湯、豬血湯，還有甜點芋圓紅豆湯。本以為商品眾多，應該是跟廠商購買，問過老闆，得知都是自家生產，只為堅持保留傳統的作法跟味道，確保品質一致。這是臺灣老闆的魄力跟堅持，完全不輸日本職人精神。

油飯剛上桌的時候，不禁被稍微偏白的顏色迷惑。一入口，油蔥的香氣四溢，配上香菇絲跟肉絲，一經咀嚼，牙齒跟舌頭瞬間獲得滿足。糯米飯粒粒清楚，有彈性、不黏牙，調味不會過鹹，搭配淋上的鹹甜醬跟蒜泥，搭配得恰到好處。其實我覺得這碗油飯更像米糕，而且是香氣味道口感皆宜的米糕。

現在好像不太容易吃到油粿，以前有賣肉圓的店家幾乎都兼賣油粿。若沒有吃過這道小吃，可以想像是改用大塊芋頭的蘿蔔糕，再加上一點肉圓皮的澱粉彈牙感。放在溫油中泡熱，口感滑潤微彈，帶有大塊芋頭鬆軟的鹹香氣。他們的甜辣醬不會過甜，發酵的醬香氣足，油粿配著吃，很加分。

四神湯的湯頭清爽、湯料十足，上桌前加上當歸藥酒，增加微微的木本香氣。薏仁吃起來風味清爽淡雅，不會過於軟糊沒有滋味。豬小腸的內臟濃郁香氣十足，咬起來軟彈不爛，完全沒有腥味，處理得很好。

專一豆花

#榕樹下吃豆花很消暑
#吃得到濃濃豆香味

臺北市信義區虎林街74巷永春市場　0926-556789　08:00～18:30，週一公休
綜合豆花40元

這個豆花攤藏身在一棵大榕樹之下，下午時間，兩邊的攤販開張，要仔細看才找得到。

四十年來，他們的手工豆花只賣兩種配料，花生跟粉圓，簡單而專一。裝豆花的桶子小，不是坊間常見的超大桶子，我想可能是容易裝載，賣多少拿多少，保持新鮮。

賣相扎實的豆花吃起來口感綿滑、入口即融，感覺像是乳酪般地滑下舌頭，完全沒有顆粒感，化開的豆花在嘴裡留有豆漿的濃脂香，是我個人喜歡的口感。

花生煮得軟密，但保留該有的咀嚼感；粉圓是波霸大小，吃起來扎實彈牙，太小的粉圓加在豆花中，其實很容易被忽略，唏哩呼嚕就喝下去了，這種大顆粉圓配豆花增加咀嚼感，甚好。

只是榕樹下的用餐環境亂了點，如果可以多花點時間整理，配上從榕樹間透出的陽光，吃起來更有感。

難忘好滋味

賈家哈爾濱大餅

——歇業店家——

懷舊滋味以後也只能懷舊
生意明明很好

只賣現做的北方大餅，跟小時候吃到退伍老兵伯伯做出來的味道很像。

千層蔥餅，超厚乾烙加上輕油煎，表面焦酥帶有燒烤香氣，內層軟嫩輕彈但有嚼勁。餅身的底部有烘焙酥皮的香脆口感，中間層層疊疊的軟嫩鹹蔥麵皮，每一層都有淡淡油香跟布滿的鹹蔥花，讓咀嚼的時候，會持續吃到蔥花被咬下時釋放的辛鹹香，好像是香料小炸彈在你嘴裡不停地爆發。

本書印製前，敬業負責的編輯請我再走一趟這些好店，赫然發現賈家哈爾濱大餅居然停業了。一出爐不消五分鐘就賣完，我吃過最棒的蔥花大餅之一，這種好味道也會消失，有點難過。這提醒我要更珍惜還在的老食攤，有興趣就快去吃吧。

(價) 千層蔥餅50元

就算不在捷運旁
也值得一吃的市場

士東市場
南機場早市

SHI-DONG MARKET

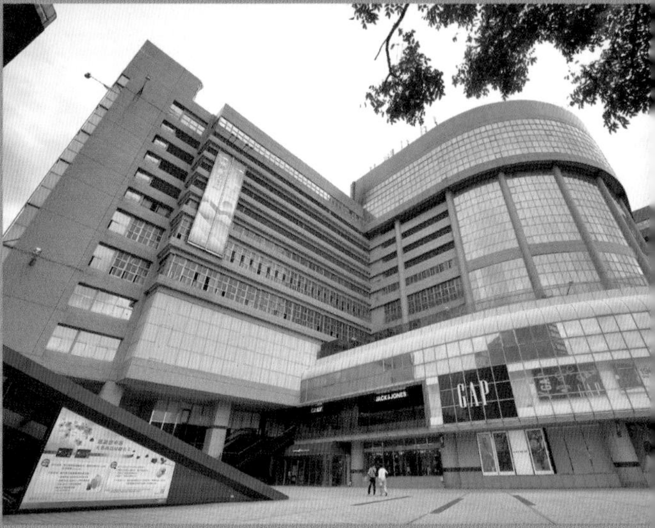
JACK&JONES
GAP

五更腸旺燴飯 120
麻辣沙茶牛肉燴飯 120
蝦仁蛋炒飯 120
洋蔥豬肉燴飯 100

阿蓮名產
特選
帝王

士東市場

天龍國的天龍市場

123
124

富敏
豬肉店
113

相較於臺北市幾個高知名度的菜市場，士東市場是非常年輕的傳統市場，1992年底開幕，前身是士林蘭雅露天菜市場，也吸收了一些謙和市場（就是本書講到的雙連市場）的攤商。

士東市場是成功轉型的文青化傳統市場，乾淨、清爽、氣味舒服，連照明感覺都有設計過，號稱有五星級水準，市場內有空調，讓夏天逛市場變成一種享受，大部分的攤商都有一定的設計感跟特色，但別以為這是一間很大的超級市場。這裡完整保留了傳統市集該有的元素：人與人之間的互動、手作產品的生活感、攤商的個性，我最喜歡裡面的雜貨店、五金行跟米行，頗值得一逛。大龍市場跟中崙市場也是改建後走文青現代化風格，可惜改建之後攤商反而流失更多，市場內頗蕭條。

㊷
四行倉庫
WARE
そうこ
吃硬不吃
30
元/斤
吃軟不吃
32
陽明山龍眼蜜
松花皮蛋
梅干菜
刀削麵

小提醒

士東市場離捷運站比較遠，需要轉搭公車，或是可以在捷運芝山站1號出口對面搭乘大葉高島屋的免費接駁車，到達大葉高島屋之後，步行約三分鐘就可以到士東市場。

小知識補充站

「天下第一攤」是臺北市市場處主辦的競賽，為發掘出更多傳統市場的好味道與優質商品，主要分為生鮮雜貨、花卉百貨、在地小吃、世界美食大賞等類目，每年可能都會調整。

天下第一攤常勝軍

二樓的美食區分布在左右兩側，美食區內攤商種類很多元化，甚至連熱炒攤都有，這是其他地方美食不容易看到的。2020年的「天下第一攤」競賽中，共有一百四十六個攤商角逐六個殊榮，最終公布榜單，士東市場的兩個美食攤榮獲天下第一攤殊榮，是該年度得獎最多的市場，可見這裡美食街的實力。

DRAGONS
2021中華職業棒球大聯盟例行賽

舒適的環境帶來的是平均價格較高，大部分傳統市場只有早上營業，但士東市場不管美食街還是菜市場都是整天營業。

逛完市場，可以去天母球場看一場棒球，在天母運動公園內散步，也可以去大葉高島屋地下一樓看超大水族箱的餵食秀。說起來，士東市場是離百貨公司最近的菜市場呢！

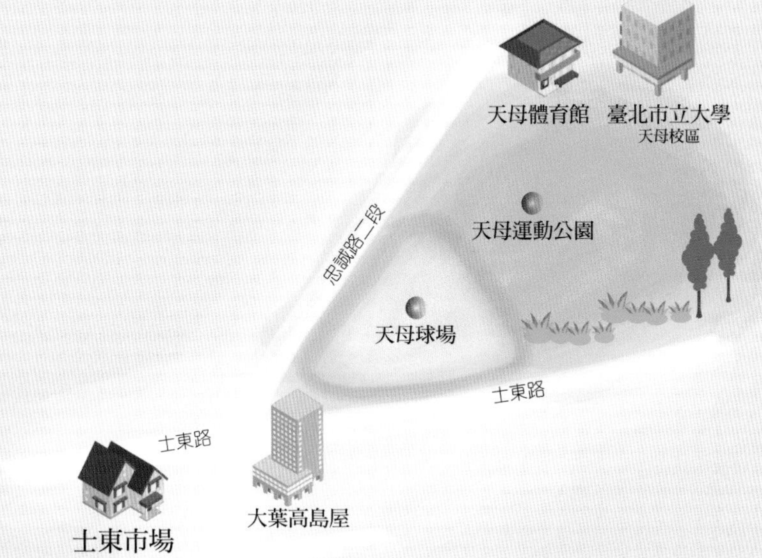
天母體育館
臺北市立大學
天母校區
天母運動公園
忠誠路二段
天母球場
士東路
士東路
大葉高島屋
士東市場

周｜邊｜景｜點｜介｜紹

天母球場

臺北市立天母棒球場，位於臺北市士林區忠誠路與士東路口，於1997年動工興建，1999年8月落成啓用。原先設計時，將此處規畫為可容納兩萬席的職業用球場，但因為當地居民反對，遂變更設計為六千人的社區型球場。場內配備有大銀幕與電子看板，球場外圍則結合了天母商圈，因而深受北部棒球迷歡迎，喜好在此看球。

天母運動公園

位於臺北市士林區忠誠路二段77號，又稱天母運動園區，於2000年正式啓用。公園內設有兒童遊戲場、露天小劇場、網球場、溜冰場、籃球場等設施，是士林、天母地區民眾經常造訪的公園。

137號米粉湯

油蔥芹菜給得豪氣
價目表貼在店內點單前先看

臺北市士林區士東路100號2樓　02-28341327　07:30～14:00，週一、週四公休
米粉湯45元 / 米苔目45元 / 油豆腐一塊15元 / 粉腸80元

外帶專線
(02)2834-1327
今日青菜
空心菜

很適合當早餐吃的米粉湯，整體而言，湯甜味道清爽，一大早吃不會覺得油膩有負擔。主食分量算大，但是價格也稍微高一點。

米粉湯使用粗米粉，中間還保留著脆硬的口感，需要稍微咀嚼一下，比唏哩呼嚕喝下去的軟爛米粉，口感豐富一些，但相對而言，米粉中的湯汁香氣少一些。

我個人推薦米苔目，骨頭湯的肉脂香充分滲入米苔目中，湯頭清淡，但是好喝。

這裡的油豆腐口感扎實，比較像軟的油炸豆乾，跟我期待中吸滿湯汁、外韌內嫩的豆腐大相逕庭；粉腸好吃不膩，味道有煮進去。

眷村寶飽家常便當

沒有炸雞腿炸排骨的自助餐店
圓盤主菜方盤配菜

臺北市士林區士東路100號2樓　02-28344517　07:00～15:00，週一、週四、週五公休
白帶魚加四個配菜200元

不用味精
真是厲害
斯是陋店
惟吾味馨
2834-4517.0912-0812-80
234

聽說郜智源也喜歡吃這家眷村便當，本攤一週只開四天，想吃不要來錯時間。

主食我點了中段白帶魚加上四個配菜，他們的白帶魚大隻肉厚，炸得皮脆肉多汁，還有大大的一塊魚子，吃白帶魚的欲望被充分滿足。酸豆夠酸爽，茄子也處理得很好。

雪裡紅跟番茄炒蛋我覺得太甜，不像一般眷村味。

本攤強調完全不加味精，能做出這樣的味道，一定花了很多心思準備。

整餐吃下來要兩百元，可能是白帶魚特別貴，但以均價來說，稍高於大部分的市場便當，這是享受五星市場的代價吧。

客家莊

\# 位在角落人氣依舊滿滿
\# 好吃的大人味

臺北市士林區士東路100號2樓　02-28328779　10:30～18:30，週一公休
小顆鹹湯圓90元 / 水晶餃90元 / 苦瓜40元 / 爌肉90元

安全考量
非工作人員
請勿進入
請先

臺北市天下第一攤得主，難得在臺北菜市場找到這麼道地的客家美食。

小顆鹹湯圓，豬骨湯頭加上肉絲香菇跟油蔥醬煮的肉燥，油甘鹹香，用料實在，完全不小氣。湯圓本身咀嚼到最後不會有米的生澀味道，應該是生米粄糰做出來的湯圓，不是用米粉快速加工而成。

水晶餃體積小顆，一口一個，半透明的餃皮有嚼勁，內餡的五香肉碎，油亮鹹香味道十足，讓你一直咀嚼，一直感覺有五香鹹香持續釋放出來，會想要多嚼幾口呢。

苦瓜以帶有發酵香氣的鹹甜醬汁燉煮，苦甘味加上醬汁的麴甜鹹香，彷彿人生百態，甜苦相間，是好吃的大人味道。

爌肉的肥瘦比例安排得非常適中，滷汁的醬甘鹹香把肉滷得通透，皮帶勁但是肉跟脂肪卻很鬆軟，不油膩卻很黏口，好吃好吃。

真要說缺點，這應該算是我吃過比較貴的菜市場攤，但味道值得。

韓貞味

\# 老闆是韓國廚師
\# 豆腐不淡不辣剛剛好

臺北市士林區士東路100號2樓　0933-549183
11:50～14:30、17:00～18:50，週一、週四公休　辣炒年糕120元 / 豆腐鍋120元

韓貞味
韓貞味
韓貞味
Uber Eats
家庭小炒
經典美食

2020年臺北市天下第一攤的世界美食得主。

辣炒年糕非常道地，可以吃到韓式辣醬跟大醬的味道，不過甜，吃起來很有在韓國街頭吃辣炒年糕的味道。吃這道年糕時，我懷疑怎麼能做出這麼有韓國魂的滋味，後來跟老闆聊天才知道，原來老闆是韓國來的廚師，跟臺灣老婆在市場中提供道地韓國市場可以吃到的美食。

順豆腐料好實在，海鮮豆腐湯該有的味道一樣不少，豆腐煮得入味，不會太辣。之前吃過的順豆腐不是太淡，就是太辣，韓貞味的確有做到平衡。

小菜隨餐附上，豆芽菜好吃，其他的則一般。

南機場

麻辣臭豆腐
無名蛋餅

南機場早市

真的有飛機場啊！

正區永昌里公告欄
台北市永昌長青會
永昌里
時光走廊
里長 陳玟如
同心協力

我在南機場公寓旁出生，一家六口住在一間十坪左右的平房，圍牆裡曬衣服的小庭院中種了一棵石榴，每年中秋都會結一顆紅寶石色澤的酸澀果實。馬路對面的青年公園是我的後花園，不少玩伴都住在南機場公寓，以及已經消失的漳州街上的警察宿舍。那個時候南機場公寓社區中的巷子完全沒人擺攤，沿街的幾棵大榕樹也不存在，只有巷子裡的幾戶一樓住家開了文具玩具跟麵食攤，我最喜歡裡面賣燒餅油條的小店。

南機場是曾真實存於臺北市中的飛行機起降場，日本人野島銀藏在1914年於古亭庄練兵場（即南機場）上的飛行表演，為臺灣首見飛機升空飛行，機場的位置是現在的青年公園往西南筆直延伸到華中河濱公園的長條區域。有南應該就有北，北機場就是現在的松山機場舊稱。光復後，南機場成為來臺軍人

的農莊及軍舍，從此消失在臺北地圖上。嚴格說來，南機場公寓並不在當時的南機場上，而且用早已不存在的日治時期南機場命名，挺不符合當時要去除外權統治影響的命名原則。

1964年竣工的南機場公寓第一期有美式風格的螺旋樓梯、電纜地下化、垃圾通道，在當時可是臺北最先進的社區，跟現在的形象完全相反。而後公寓被增建、補建，還加裝了各式不同鐵窗，感覺就像是補補貼貼的長褲。其實我喜歡這種歷史痕跡還有超現實的存在感，作為美援跟美國化時期代表，漫步抬頭望向天空時，會有身處異國的感受。

除了夜市，南機場也有從清晨便開始營業的早市。不像其他的夜市，早上通常是菜市場或完全不營業。但這裡從早到晚都是賣吃的，部分攤子早上跟晚上是由不同的攤主掌事，販售不同的庶民美食。

我很喜歡在南機場吃傳統臺式早午餐，選擇多元又集中。對於現在滿街的西式早餐感到煩膩嗎？不妨來這裡跟計程車司機大哥、在地耆老一起品嚐有肉有湯有飯有麵的早餐。南機場夜市跟饒河街、臨江街夜市並列為最多必比登推薦攤商的夜市。

早上來南機場吃完早餐之後，可以花點時間在南機場公寓區散步，穿過房子中間的街樓孔道，尋找螺旋樓梯。也可散步去青年公園，前身是空軍的高爾夫球場。植物園、國立歷史博物館都在附近，如果晚上才來，可就體驗不到陽光從樹梢灑下的浪漫。

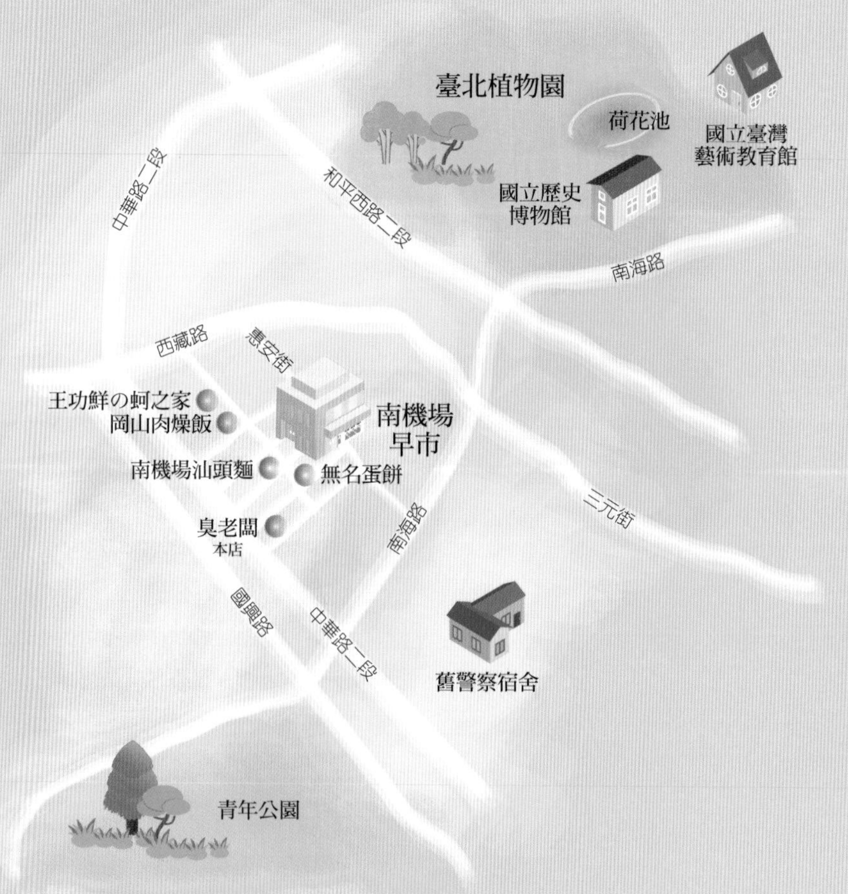

臺北植物園
荷花池
國立臺灣
藝術教育館
國立歷史
博物館
中華路二段
和平西路二段
南海路
西藏路
惠安街
王功鮮の蚵之家
岡山肉燥飯
南機場
早市
南機場汕頭麵
無名蛋餅
三元街
臭老闆
本店
南海路
國興路
中華路二段
舊警察宿舍
青年公園

周｜邊｜景｜點｜介｜紹

青年公園

位於臺北市萬華區，面積有24.44公頃，周邊有許多國宅及軍宅。日治時期為日軍古亭庄練兵場，臺灣始見飛機起降的南機場主體，也曾作為賽馬場地。青年公園內有正門大時鐘、九曲橋等景觀設施，也有植物溫室、音樂舞台、兒童遊樂區等其他設施。

植物園

植物園自1921年設立，為日治時期研究植物的重要場所，園內依植物分類系統和習性分區，有詩經植物區、民俗植物區、十二生肖區、多肉植物區、蕨類植物區、棕櫚科區等，總共有兩千多種植物。園內還有國定古蹟、欽差行臺，是臺灣唯一僅存的清領時期閩南式官署建築，因興建中山堂由臺北城內被拆移至此。

南機場
岡山肉燥飯

今天不吃羊肉爐
焢肉要肥一點或瘦一點隨你點

臺北市中正區中華路二段307巷南機場夜市口　09:00～16:30，週一公休
焢肉飯50元 / 魚皮湯50元

岡山肉燥飯
海產粥 60
海產湯 50
苦瓜排骨湯 40
燙青菜 大50 中30
蚵仔湯 40
郭魚湯 40
虱目魚肚 100
味噌湯
限定星期日

我一直以為岡山有名的是羊肉爐，不知道肉燥飯是否也很出色？這家在南機場已經賣四十年的老攤料理區很大、很乾淨，坐在樹下棚子中吃東西，感覺就是自在舒服，早餐來碗焢肉飯，一整天的精氣神都被補滿了。

焢肉飯最為重要的首推那塊滷肉，瘦肉部分處理得好並算不了什麼，但若脂肪部位處理得當，那就絕對能做出好吃的焢肉，這是為什麼我特別選了比較肥的部位。這塊焢肉連脂肪都滷得很有味道，醬香味濃郁，吃起來滑嫩黏口，還帶有一絲膠質甜味，但是不會太油膩。咬下一口脂肪，扒一口飯，飯粒被脂肪包覆住的濃郁軟滑香味，吃起來好美味。

魚皮湯給了我意外的驚喜，魚皮帶一些肉，還有魚腹的軟嫩油脂，吃起來就像吃虱目魚肚那般鮮嫩，並有著濃濃的海香味。湯底是豬骨加上新鮮魚肉骨一起熬煮出來的，海洋的鮮味加上豬骨的甜味，等同鮮香甜鹹佐上一點薑絲辛香，好喝。

南機場無名蛋餅

這裡的餅皮不一樣
分不清是蛋餅還是歐姆蛋

臺北市中正區中華路二段309巷20號　05:30～11:30，週四公休

九層塔蛋餅35元

無名蛋餅
在這裡
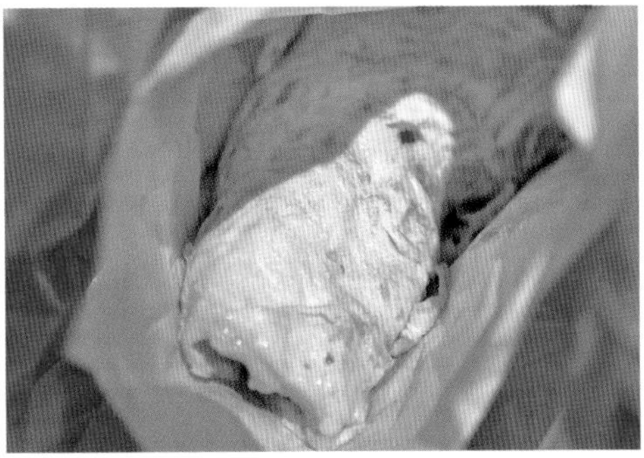
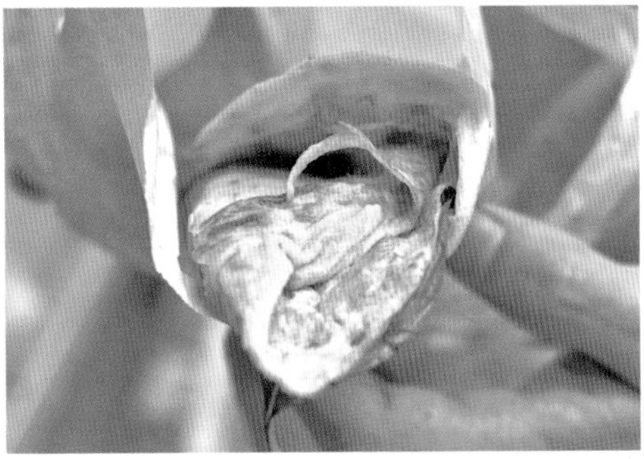

攤位上面有塊小牌子寫著「無名蛋餅」。這真的好哲學喔，「無名就是一個名字」，別想太多。這間蛋餅跟韭菜盒專門攤已經煎了二十年，看老闆大開大闔地煎著蛋餅，有一種正在做大菜的氣勢。

我點了一個九層塔蛋餅，他們的蛋餅皮是之前沒有吃過的口感，不是常見的薄Q彈餅皮，也不是厚軟餅皮，而是很薄的比薩脆皮口感，但是餅心稍微鬆軟一點，很特別，而且這個餅皮很棒地凸顯了蛋的鬆軟跟滑嫩。

蛋給得一點都不小氣，餅皮包不住蛋，煎蛋的鬆軟濕滑全部吃得到。雖然我選擇了九層塔，但是吃起來不像是九層塔煎蛋的感覺，鬆鬆的外層加上濕滑的內層，更像是吃羅勒歐姆蛋。蛋餅中間有加蘿蔔乾，蘿蔔乾的脆辣口感跟醃漬香氣，增加了蛋餅咀嚼的口感跟鹹香度。

王功鮮の蚵之家

#一早提供滿滿精力
#吃進鮮味吃不到腥味

臺北市中正區中華路二段305巷15-1號　06:00～14:00，週四公休
高麗菜飯（小）20元/蚵仔湯50元

王功
鮮の蚵之家
虱目魚皮湯 40元
王功
高麗菜飯

現在要能在臺北早餐店吃到蚵仔實屬不容易。以前早餐來碗蚵仔湯，一整天精力滿滿，這是古早最佳補充蛋白質的方式。之前在北投市場有看到一家營養蚵仔早餐，那時沒去吃，覺得好可惜啊。這次在南機場讓我遇到了王功鮮の蚵之家，當然不能錯過，立刻坐下點了蚵仔湯、高麗菜飯跟一顆荷包蛋，是不是很豐富的一頓早餐？只要八十元。

蚵仔湯裡的蚵仔可不是小個頭，而是飽滿新鮮的大顆蚵仔，咬下去可以吃到蚵仔的海甜味跟礦物質的鐵味，完全沒有腥羶味，可以放心大口吃。湯底是豬骨湯現煮蚵仔，海鮮甜跟豬骨清甜，讓整碗湯喝起來味道更濃郁，佐以薑絲清香去雜味，還有蚵仔沾粉的澱粉濃稠口感，是好喝又能有飽足感的湯。

高麗菜飯是高麗菜炒飯加上不少油蔥酥，經過蒸煮保溫過程，讓油蔥酥的香味完全釋放到炒飯中，而且米粒嚼起來更有彈性，吃起來甚至會有一點吃油飯的錯覺。我覺得比必比登推薦的高麗菜飯還好吃。加上一顆半熟荷包蛋，讓金黃色的蛋液跟高麗菜飯混合，蛋黃香濃跟高麗菜飯的鹹香超級搭，而且會產生一種豬油拌飯的特殊香氣。請大家務必試試這個吃法。

臭老闆
現蒸臭豆腐

純素餐廳
豆腐現點現蒸

臺北市萬華區中華路二段313巷6號　02-23052078　11:30～22:30，週三公休
清蒸臭豆腐70元/金針湯40元

蒸臭豆腐

香老闆要吃臭老闆了！這是我吃的第二家必比登推薦的臭豆腐，第一間在通化夜市，我吃完之後有點小失落。這次要吃的臭老闆，是全素的餐廳，吃素的朋友也可以安心食用。

臭老闆的臭豆腐是用蒸籠蒸出來的，料理區的小蒸籠堆得跟座山一樣。臭豆腐湯汁的味道頗重，豆瓣鹹辣之外還有一點點中藥甘甜味，豆腐本身只有些微的發酵味道，發酵帶來的是濃郁的豆香跟豆甜味，基本上完全不臭。

金針湯以清水熬煮金針花，整碗湯裡有滿滿的金針花香跟特有的清甜，沒有酸味，代表使用的金針花夠新鮮、處理得當。

臭老闆的清蒸臭豆腐是全素的，健康滿點，且豆腐的香甜味十足，以另外一種方式品嚐臭豆腐，相信原本不敢吃臭豆腐的人應該也能接受這個味道。

南機場汕頭麵

醬汁藏在碗底吃之前先拌勻
特調沙茶多了花生香

臺北市萬華區中華路二段307與311巷口　06:30～13:30，無特定公休
汕頭乾麵（小）35元/肉羹湯50元

汕頭
麵
汕頭乾麵
汕頭排骨酥湯麵
肉羹麵
肉羹湯
金針排骨酥湯
蘿蔔排骨酥湯
苦瓜排骨湯
紅燒肉
雞捲
汕頭
排骨酥
現正熱賣中
6:00-14:00
徵工作人員
意者請內洽

麵

這是一間只賣早市的麵攤，又稱作三代同心乾麵，聽名字就知道是三代人都在經營的麵攤，這樣不用太擔心短時間內會後繼無人，還可以開開心心地吃很久。

汕頭乾麵是沙茶口味，汕頭麵是一種外形像意麵的不規則狀，但是口感很Q彈的油麵，其實有點像常見的日本手工拉麵。沙茶是他們特別調製過的，除了沙茶應該有的乾魚鹹酥香，還帶有花生醬的微微油香甜，配上汕頭麵，很容易讓人大口大口地吃，完全停不下來。這種油拌乾麵雖然油了一點，麵條也因此不會沾黏，入口反而有種條理清楚的快感。

他們的肉羹湯頗特別，湯頭不是柴魚調味，是醬油調味勾芡撒上蛋花，喝起來就是一碗加了肉羹的濃稠蛋花湯。肉羹用碎肉跟魚漿混合，吃起來很像肉丸，頗鬆軟，但不是我喜歡的那種有咬勁的肉羹。

國家圖書館出版品預行編目（CIP）資料

逛市場、呷小吃：滷肉飯、湖州粽、黑白切，品味老臺北人的庶民美食與文化縮影／香老闆著；初版. -- 臺北市：商周出版；城邦文化事業股份有限公司出版；英屬蓋曼群島商家庭傳媒股份有限公司城邦分公司發行；2022.01

面；公分

ISBN 978-626-318-120-5（平裝）

1. 飲食風俗 2. 小吃 3. 臺北市

538.7833　　110021624

逛市場、呷小吃：

滷肉飯、湖州粽、黑白切，品味老臺北人的庶民美食與文化縮影

作　　者／香老闆
責任編輯／楊如玉
版　　權／黃淑敏、吳亭儀
行銷業務／周佑潔、周丹蘋、黃崇華、賴正祐

總 編 輯／楊如玉
總 經 理／彭之琬
事業群總經理／黃淑貞
發 行 人／何飛鵬
法律顧問／元禾法律事務所　王子文律師
出　　版／商周出版
城邦文化事業股份有限公司
臺北市104民生東路二段141號9樓
電話：(02) 2500-7008　傳真：(02) 2500-7759
E-mail: bwp.service@cite.com.tw
發　　行／英屬蓋曼群島商家庭傳媒股份有限公司　城邦分公司
臺北市104民生東路二段141號2樓
書虫客服服務專線：(02) 2500-7718；2500-7719
24小時傳真專線：(02) 2500-1990；2500-1991
服務時間：週一至週五上午09:30-12:00；下午13:30-17:00
劃撥帳號：19863813　戶名：書虫股份有限公司
讀者服務信箱E-mail: cs@cite.com.tw
歡迎光臨城邦讀書花園　網址：www.cite.com.tw

香港發行所／城邦（香港）出版集團有限公司
香港灣仔駱克道193號東超商業中心1樓
E-mail: hkcite@biznetvigator.com
電話：(852) 25086231　傳真：(852) 25789337

馬新發行所／城邦（馬新）出版集團【Cité (M) Sdn. Bhd.】
41, Jalan Radin Anum, Bandar Baru Sri Petaling,
57000 Kuala Lumpur, Malaysia.
電話：(603) 9057-8822　傳真：(603) 9057-6622　email: cite@cite.com.my

封面設計／FE設計
內文排版／豐禾設計
印　　刷／高典印刷有限公司
經 銷 商／聯合發行股份有限公司　電話：(02) 29178022
地址：新北市231新店區寶橋路235巷2弄6號2樓

2022年1月初版
2022年10月初版2.5刷

Printed in Taiwan

■定價450元

ISBN　978-626-318-120-5

城邦讀書花園
www.cite.com.tw